ALEXANDER BENTHEIM
MONIKA MURPHY-WITT

Was **Jungen** brauchen

Das **Kleine-Kerle**-Coaching

Inhalt

Begleiten – fördern – stärken

Zum Nachschlagen

Richtige Jungen müssen wissen,
dass wir all ihre Seiten **willkommen** heißen
und dass wir sie als diejenigen **lieben**,
die sie **wirklich** sind.

[Dr. William F. Pollack | *amerikanischer Psychologe*]

Vorwort

Jungen haben es heute oft nicht leicht. Sogar vom »neuen schwachen Geschlecht« ist die Rede. Doch wer ständig in die Buhmann-Rolle gedrängt wird, hat keine guten Karten auf dem Weg ins Leben.

Ihr Sohn braucht deshalb jungengerechte Unterstützung. Denn in jedem kleinen Kerl steckt ein toller Typ! Er muss nur die Chance haben, seine ganz persönlichen Stärken zu entwickeln und in seiner Einzigartigkeit auch wahrgenommen zu werden – jenseits von Rollenklischees und falschen Erwartungen. Dabei können Sie ihm helfen.

Begleiten, fördern, stärken heißt die Devise. Was das im Alltag bedeutet, zeigen wir Ihnen in diesem Buch. Nehmen Sie die Herausforderung an. Sie wird das Leben Ihres Jungen bereichern – und das Ihre ebenso.

Alexander Bentheim
Monika Murphy-Witt

1 Männerbilder – Frauenbilder: Was Jungen täglich erleben

→ Typisch Mann – typisch Frau: Wer weiß heute noch genau, was das ist? So bekommen Jungen oftmals recht Widersprüchliches vorgelebt. Zu Hause, in der Werbung, bei Freunden – überall werden sie sowohl mit alten Klischees als auch mit einem neuen Rollenverständnis konfrontiert. Helfen Sie Ihrem Sohn, seine Persönlichkeit zu entwickeln. Das ist nicht immer leicht, aber es stecken enorme Chancen darin!

Bilder – Rollen – Klischees: Wann ist ein Mann ein Mann?

Früher war alles ganz einfach. Noch vor 30, 40 Jahren gab es allgemein gültige Normen und klare Leitbilder. Da hatte jeder seinen Platz in der Gesellschaft und zu Hause, seine exakt definierte Rolle, seine genau festgelegten Aufgaben. Männer waren die Verdiener, die Ernährer, die Familienoberhäupter, die Macher und Bestimmer. Frauen kümmerten sich um Küche, Kinder und Kirche. Sie waren für die Hausarbeit zuständig und höchstens »Dazuverdienerin», ordneten sich der männlichen Autorität unter und sorgten beim Nachwuchs als »Stellvertreterin« für die Umsetzung väterlicher Erziehungsideale und Werte – und wenn das nicht ausreichte, hieß es: »Warte, bis Papa heute Abend nach Hause kommt!« In dieser klar definierten Welt wusste jeder genau, WO ER HINGEHÖRTE. Es bestanden keine Zweifel darüber, wie ein »richtiger« Mann zu sein hatte und in welche Fußstapfen ein Junge treten musste, um einer zu werden.

Heute ist vieles anders – und komplizierter! Unsere globale Multikulti-Medien-Wissens-Gesellschaft hat starre Normen und Lebenskonzepte aufgelöst. LÄNGST SIND AUS EINEM LEITBILD VIELE GEWORDEN. Ein ganzes Kaleidoskop an Möglichkeiten. Erlaubt ist, was jedem persönlich oder seinem sozialen Umfeld gefällt. Statt vorgezeichneter Wege und eingefahrener Gleise gibt es eine Vielzahl an Möglichkeiten und Werten. Eine Entwicklung, die auch an den GESCHLECHTERROLLEN NICHT SPURLOS VORÜBERGEGANGEN ist.

Pascha ade! Das traditionelle Männerbild zerbröckelt

Die Ersten, die gehörig am Bild der Väter kratzten, waren Ende der 60er Jahre des 20. Jahrhunderts die rebellierenden Studenten. Sie wollten nicht nur die Gesellschaft umkrempeln, sondern auch das Privatleben – ihr eigenes inklusive. Sie stießen den seit Urzeiten unangetasteten Patriarchen von seinem Sockel, grenzten sich ab von der Generation ihrer Väter, wollten ganz anders sein, ohne genau zu wissen wie. Es fehlten einfach Vorbilder. Eine Zeit des Experimentierens begann. Der erste Lack war ab vom traditionellen Männerbild.

Dann kam die **FRAUENBEWEGUNG** ins Rollen. Anders als die jungen Männer wussten die Feministinnen genau, was sie wollten: die Hälfte der Welt – wofür sie gern bereit waren, die Hälfte des Hauses an den Partner abzugeben. Ihr »Feindbild« war klar. **DER GESCHLECHTERKAMPF WURDE EINGELÄUTET.**

Die wirtschaftliche Entwicklung tat ein Übriges. Mit dem Ende der Vollbeschäftigung in den 70er Jahren begann das traditionelle Männerbild, bei dem Arbeit und Beruf uneingeschränkt im Mittelpunkt standen, endgültig zu bröckeln. »Frauenpower« und Arbeitsmarkt stürzten immer mehr (vorzugsweise junge) Männer in die Krise. Der Märchenprinz hatte vielerorts ausgedient. Erste Männergruppen entstanden, zaghaft formierte sich eine Männerbewegung. **VOM »NEUEN MANN« WAR DIE REDE.** Doch wieder fehlten Vorbilder.

Die Frauen blieben auf Kurs

Stück für Stück verbuchten Frauen in der Auseinandersetzung mit »Chauvis« und »Machos« erste Erfolge für sich: Konnte ein deutscher Ehemann seiner Frau früher noch rechtmäßig verbieten, berufstätig zu sein, wenn sie seiner Meinung nach – so der Wortlaut des Gesetzes – »ihre Hausfrauenpflichten vernachlässigt«, war dies ab 1977 endgültig nicht mehr möglich. Seit 1994 dürfen Frauen bei der Eheschließung ihren eigenen »Mädchennamen« behalten. Und seit 1997 kann endlich kein Mann mehr auf »Erfüllung der ehelichen Pflichten« pochen und so eine Vergewaltigung in der Ehe rechtfertigen.

»Was Feministinnen nach 4000 Jahren unerschütterlicher Männerherrschaft innerhalb von diesen nur 30 Jahren erreicht haben, ist überwältigend. Und das, obwohl ihnen von Anfang an schärfster Gegenwind ins Gesicht blies. **INNERHALB EINER GENERATION HAT ES EINE REVOLUTION IN DEN KÖPFEN GEGEBEN**«, schwärmt denn auch die bekannte Frauenrechtlerin Alice Schwarzer.

Ist Gleichberechtigung in Sicht?

Dennoch, der Weg zu wirklich gleichberechtigten und partnerschaftlichen Beziehungen ist oft sehr weit und mit Hindernissen verbaut. Trotzdem unterscheiden sich der Alltag und das Selbstverständnis der jungen Frauen von heute schon erheblich von dem ihrer gleichaltrigen Geschlechtsgenossinnen in den 50er Jahren des letzten Jahrhunderts. Die Emanzipationsbewegung hat deutliche Spuren hinterlassen.

Gleichheit ist nicht Unterschiedslosigkeit, sondern **Wertschätzung** von **Differenzen.**

[Michael S. Kimmel | *US-amerikanischer Soziologe und Männerforscher*]

Der verunsicherte Mann: Krise statt Konturen

Logisch, dass auch das früher so glatte und hochstilisierte Männerbild dabei ordentliche Risse abbekommen hat und inzwischen mehr als brüchig geworden ist. Wen wundert's da, wenn sich Unsicherheit breit macht. »Das Korsett **TRADITIONELLER MÄNNLICHKEIT** hält nicht mehr«, meint der Berliner Soziologe und Männerforscher Professor Walter Hollstein. Doch ohne dieses Korsett zerfällt das stets propagierte Leitbild des starken, unabhängigen, dominant-aktiven Mannes in unzählige Einzelfacetten. Sogar bislang unentdeckte und verdrängte Aspekte, wie Sensibilität und Ängstlichkeit, kommen so zum Vorschein. Und Trendforscher haben bereits die »Übersexuellen« als Männergattung der Zukunft auserkoren – kernig, charakterstark, emotional, stilsicher und durchaus kooperativ in Sachen Hausarbeit und Kinderbetreuung. Alles Puzzlesteinchen, die jetzt auf ihre Tauglichkeit überprüft und zu einem neuen, **MODERNEREN MÄNNERBILD** zusammengefügt werden müssen.

Doch bis das gelingt, sitzen die Männer in der Zwickmühle. Natürlich ist ihnen durchaus bewusst: Paschas entsprechen längst nicht mehr dem Zeitgeist. Aber solange sie sich zu Hause unbehelligt von der Gattin auf dem Sofa fläzen können, werden sie garantiert keinen Grund sehen, sich und ihr Verhalten zu ändern. Wer gibt schon gern freiwillig Privilegien und angenehme Gewohnheiten auf?

Hinzu kommt, dass die zunehmende Vielfalt an verlockenden Lebensentwürfen viele Männer in enorme **ENTSCHEIDUNGSKONFLIKTE** stürzt. Da wird die Wahl zwischen a) Auslandsjob in London, b) Auszeit in Neuseeland oder c) Vaterzeit mit Home Office ohne Joker in der Tasche schnell zum existentiellen Problem! Zumal gleichzeitig die Anforderungen, die zu Hause, im Berufsleben und in der Öffentlichkeit gestellt werden, ständig zunehmen.

Gesucht: Mann von heute. Anforderungsprofil:

- Beruflich erfolgreich mit gutem, gesichertem Einkommen, um eine Familie ernähren zu können
- aktiv, dynamisch, mit dem richtigen Biss und den nötigen Machoellenbogen, um sich auf der Karriereleiter nach oben zu kämpfen
- mobil, möglichst weltweit, und zeitlich flexibel, am besten 24 Stunden am Tag
- kommunikativ mit hoher emotionaler Intelligenz und sozialer Kompetenz
- verständnisvoller Zuhörer mit jederzeit offenem Ohr
- rücksichtsvoll, partnerschaftlich und keineswegs dominant in seiner Beziehung
- fantasievoller Liebhaber, mal sanft, zärtlich, kuschelig, mal feurig-wild
- sportlich, aber auch kulturell interessiert und offen für vielfältige Unternehmungen
- liebevoller Vater, der abends rechtzeitig zu Hause ist und viel Zeit mit seinen Kindern verbringt, mit ihnen spielt, sich aber auch um Alltägliches wie Schularbeiten, Elternabende und Arzttermine kümmert
- perfekter Handwerker und Koch, ordnungsliebend, sauber und bereit, auch die Toilette zu putzen
- richtiger Kerl, kein »Softie« oder »Sitzpinkler«

Ganz schön kompliziert dieses Anforderungsprofil! Zu viele unterschiedliche und meist **WIDERSPRÜCHLICHE ANSPRÜCHE** sollen hier erfüllt werden. Die Männer heute sind »Arbeiter an sich selbst«, wie Alexander Kissler in der »Süddeutschen Zeitung« schreibt. »Mechaniker eines Lebens, dessen Bedienungsanleitung verloren ging«. Kein Wunder, dass das Gros des starken Geschlechts keine klaren Konturen mehr aufweist. Vorbei mit Eindeutig- und Geradlinigkeit. Eher unverbindlich-schwammig kommen sie daher. **DIE MÄNNER SIND IN DER KRISE**, auch wenn ein Teil von ihnen das noch nicht einmal bemerkt hat. Aufgrund des zunehmenden Erwartungsdrucks betrachten sich die meisten Männer mittlerweile eher als Opfer der Emanzipation denn als aufgeforderte Mitgestalter. Ist doch die Frage, welches ihre eigenen Ansprüche sind, oft längst auf der Strecke geblieben oder gar nicht erst gestellt worden. So stehen sie alternativen Rollen heute noch äußerst skeptisch und ambivalent gegenüber. Um nicht »pussy whipped« (wie die Amerikaner neuerdings für »frauendominiert« sagen) zu sein, treten viele lieber die Flucht nach vorn ins gut verteidigte Singledasein an. Oder sie halten sich unsicher am Altbekannten fest, statt Neues zu wagen. **EIN ALTES MÄNNERBILD ZU DEMONTIEREN IST EBEN IN DER TAT EINFACHER ALS EIN NEUES AUFZUBAUEN.**

Der bewegte Mann: Zwischen »Macho« und »Softie«

Den »Mann von heute« gibt es deshalb bisher nicht. Die jüngsten Männerstudien in Deutschland und Österreich teilen das starke Geschlecht zurzeit in vier Typen ein:

1. **DER TRADITIONELLE MANN.** Er ist auf die klassischen Geschlechterrollen fixiert und steht zeitgemäßen Veränderungen mehr als skeptisch gegenüber. Er ist der Familienernährer und will es bleiben. Das heißt, er möchte, dass seine Frau sich um Haushalt und Kinder kümmert. Geschätzter Anteil: 17 Prozent aller Männer.
2. **DER MODERNE MANN.** Er ist das genaue Gegenteil – offen für zeitgenössische, gleichberechtigte Rollenmodelle, bei denen beide Geschlechter berufstätig sind. Er ist partnerschaftlich und bereit, ebenso wie seine Frau Haushalt und Kinder zu versorgen. Geschätzter Anteil: 23 Prozent aller Männer.

3 DER PRAGMATISCHE BALANCIERER. Er liebäugelt mit traditionellen Vorstellungen, kann sich aber auch – wenn's sein muss – gut und undogmatisch mit modernen Werten und Lebensformen arrangieren. So kombiniert er Alt und Neu je nach Alltagsanforderungen und Ansprüchen seiner Partnerin. Geschätzter Anteil: 18 Prozent aller Männer.

4 DER FORMBARE SUCHER. Er ist unsicher, unbestimmt, vielleicht sogar ein wenig desinteressiert, was die Geschlechterrollen-Thematik anbelangt. Weder traditionelle noch moderne Vorstellungen finden seine Zustimmung. Er bleibt vage, mag sich nicht festlegen und treibt ziellos zwischen den Fronten. Geschätzter Anteil: 42 Prozent aller Männer.

Vier neue Männertypen

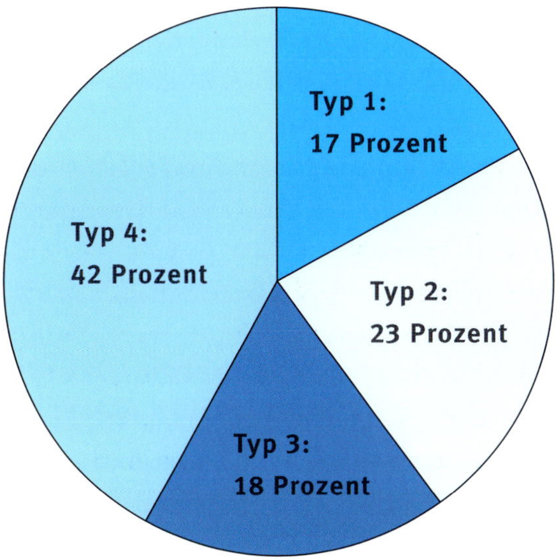

Die »NEUEN« MÄNNER, also die modernen und die pragmatischen zusammengenommen, unterteilt Professor Peter Wippermann vom Hamburger Trendbüro in seiner Studie »Moderne Helden« nochmals in vier charakteristische Typen:

1. DER LEISE WEISE. Er bekennt sich zu seinen eigenen Gefühlen und empfindet es als Stärke, sie zum Ausdruck zu bringen. Er will kein »Weichei« sein, steht aber zu »weiblichen« Eigenschaften und »weichen« Werten wie Treue, Fürsorglichkeit und Beständigkeit. Statt sich mit Oberflächlichkeiten zufrieden zu geben, sucht er nach dem tieferen Sinn des Lebens und nach privatem Glück, auch als »praktizierender Vater«.
2. DER GALANTE GÖNNER. Er ist ein Kavalier und Gentleman, mit geregeltem Lebenswandel, gepflegtem Äußeren und perfekter Sicherheit auf dem gesellschaftlichen Parkett. Sein Lebensinhalt ist sein Job. Er arbeitet hart, verfügt aber auch über eine gute Portion sozialer Kompetenz und emotionaler Intelligenz.
3. DER EGOPHILE. Er ist sportlich-dynamisch, extrovertiert und spaß- und genussorientiert und steht stets mitten im prallen Leben. Er liebt die Selbstinszenierung und will Aufmerksamkeit um jeden Preis. Sein Freundeskreis ist riesig, eine feste Beziehung meist nicht seine Sache. Als Single fühlt er sich wohler.
4. DER OPTIONIST. Er ist flexibel, mobil, offen für Neues und immer bereit, die unterschiedlichsten Chancen wahrzunehmen. Ihn reizen die vielfältigen Möglichkeiten als »neuer Mann«. So verbindet er die Karrieristen- mit der Vaterrolle und teilt sich mit seiner Partnerin gern die Verantwortung für Lebensunterhalt und Kinder.

Doch welche Bezeichnungen auch immer Sozialforscher wählen – eines zeigen diese Typologien ganz deutlich: DIE ZEITEN, IN DENEN ES NUR ZWEI BIS DREI MÄNNERBILDER GAB, SIND VORBEI.

Zwar sind die Unsicheren und Traditionellen zurzeit noch in der Mehrheit. Doch auch sie sind keineswegs mehr die Hardliner wie in den

50er Jahren. Und das Spektrum wird immer breiter. Auf der Skala zwischen »traditionell« und »modern«, zwischen »Macho« und »Softie« ist heute alles möglich. Die Zeiten, in denen der Weg vom Jungen zum Mann ganz eng begrenzt und geradlinig war, ohne Schlupflöcher und Ausweichmöglichkeiten, immer den Fußstapfen des Vaters folgend, gehören der Vergangenheit an. Heute kann nahezu jeder selbst entscheiden, welche der zahlreichen angebotenen Abzweigungen er nehmen und welchen Weg zwischen »Macho« und »Softie« – oder gar jenseits dieser Zuschreibungen – er persönlich einschlagen möchte. Traditionelle Werte bleiben neben neuen bestehen. ALLES IST IM FLUSS UND MÖGLICH. Das bietet jedem viele Chancen, fördert aber auch Ambivalenzen und Zerrissenheit. Sicherheiten sind längst passé. Das Männerbild ist nicht länger eindimensional, es wird immer vielschichtiger. Eindeutige Vorbilder, mit denen »Mann« sich identifizieren kann, gibt es nicht mehr. Das ist für jeden Einzelnen zurzeit noch kompliziert, weil oft die Orientierung im Dschungel der Möglichkeiten fehlt. Doch diese Entscheidung ist AUCH ÄUSSERST REIZVOLL. Der Horizont weitet sich immer mehr – fragt sich nur wohin …

Männer mögen von **außen** noch
als das **erfolgreiche** Geschlecht
bezeichnet werden;
ein **glückliches** Geschlecht
sind sie ganz sicher **nicht.**

[Professor Walter Hollstein | *Soziologe und Männerforscher*]

FRAGEBOGEN

Was ist für Sie männlich und was weiblich?

Haben Sie eine klare Vorstellung davon? Lesen Sie sich bitte die folgenden Eigenschaften durch. Wie würden Sie sie einordnen? Überlegen Sie nur kurz und entscheiden Sie spontan, in welche Spalte Sie Ihr Kreuzchen setzen. Wenn Sie den Fragebogen vorher kopieren, kann Ihr Partner ihn ebenfalls ausfüllen. Anschließend können Sie Ihre Zuordnungen vergleichen und miteinander darüber sprechen. Das wird sicher spannend: Bleiben Sie bei Ihrer Meinung? Oder gibt es Ausnahmen, die Sie umstimmen? Wovon hängt das ab? Warum halten wir eine Eigenschaft überhaupt für »typisch«? Spuken doch noch Klischees in unseren Köpfen herum?

Eigenschaft	TYPISCH MÄNNLICH	TYPISCH WEIBLICH	TRIFFT AUF BEIDE ZU
durchsetzungsfähig	○	○	○
harmoniebedürftig	○	○	○
aktiv	○	○	○
ausgleichend	○	○	○
erfolgsorientiert	○	○	○
dominant	○	○	○
verständnisvoll	○	○	○
zärtlich	○	○	○
treu	○	○	○
fürsorglich	○	○	○
kontaktfreudig	○	○	○
engagiert	○	○	○
zurückhaltend	○	○	○
kommunikativ	○	○	○
hilfsbereit	○	○	○
einfühlsam	○	○	○
kräftig	○	○	○
entschlossen	○	○	○

Der abwesende Mann: Mit dem ersten Kind wird alles anders!

Eine ganz entscheidende Wegkreuzung für Männer liegt hinter dem Kreißsaal. Klar, denn ein Baby krempelt den Alltag der frisch gebackenen Eltern komplett um. Doch wenn ein Mann Vater wird, macht er auch selbst in den meisten Fällen eine komplette Kehrtwendung: ZURÜCK IN DIE TRADITIONELLE ROLLE DES FAMILIENERNÄHRERS. Selbst Paare, die sich vor der Geburt ihres ersten Kindes partnerschaftlich-gleichberechtigt Erwerbs- und Hausarbeit geteilt haben, fallen, wie Studien zeigen, mehrheitlich in die klassische Rolleneinteilung zurück: In 95 Prozent aller jungen Familien verdient Papa das Geld und Mama versorgt Haushalt und Kinder. Und das, obwohl diese Lösung vielen Paaren absolut nicht gefällt!

Doch meist sind die SACHZWÄNGE STÄRKER als der Wunsch, die Rolle des »modernen Mannes« zu spielen und nach der Geburt des Nachwuchses zum kooperativen Lebenspartner und »aktiven Vater« zu werden. Wo noch immer die Unterschiede in den Einkommen von Männern und Frauen beträchtlich, die Angebote für Kinderbetreuung von unter Dreijährigen rar, die Unterstützung für junge Eltern mager und die gesellschaftlichen Ansprüche an ihre Erziehungsleistung immens sind, können egalitäre Familienmodelle schwer bestehen.

Bleibt doch alles beim Alten?

Mit jedem Kind wird der Schub in Richtung Hausfrauenehe stärker und die Chance, ihn nach einiger Zeit wieder umzukehren und die traditionelle Rollenverteilung zu überwinden, geringer. So ist der Anteil der Väter in Deutschland, die eine längere berufliche Auszeit nehmen, um sich ganz ihrem Nachwuchs zu widmen, immer noch gering. Und auch bei der GERECHTEN AUFTEILUNG DER HAUS- UND FAMILIENARBEIT HAPERT ES.

Heirat und Kinder tragen zu einer Traditionalisierung der Aufgabenteilung zwischen den Geschlechtern bei.

[Aus der Studie »Männer Leben« der Bundeszentrale für gesundheitliche Aufklärung]

Während Frauen – so Zeitbudgetstudien – tagaus, tagein 82 Minuten kochen und abwaschen, machen sich Männer mal gerade 23 Minuten in der Küche zu schaffen. Für die Wäschepflege nimmt Otto Normalmann sich täglich nicht mehr als zwei Minuten. Ohne eine Frau im Hintergrund hätte er so garantiert nie ein sauberes Hemd im Schrank! Sogar im Gesamtvergleich aller unbezahlten Tätigkeiten wie Haus- und Gartenarbeit, handwerklichen Tätigkeiten und Betreuung anderer Menschen schneiden Männer laut Zeitbudgeterfassung des Statistischen Bundesamtes mit 19,5 Stunden pro Woche deutlich schlechter ab als Frauen mit knapp 31 Stunden wöchentlich.

Andererseits stürzen sich gerade viele junge Väter in ihren Beruf, um ihre Karriere voranzutreiben und ihrer Familie ein (höheres) Einkommen zu sichern. In einer Umfrage der IGS Organisationsberatung GmbH gaben 80 Prozent der befragten Väter an, durchschnittlich über 40 Stunden in der Woche zu arbeiten. Kein Wunder, dass 71 Prozent einen KONFLIKT zwischen ihrem gewollten beruflichen und dem gewünschten familiären Engagement empfinden und 93 Prozent sich durch diese Situation und den gleichzeitigen ungeheuren Druck auf dem Arbeitsmarkt ÜBERFORDERT FÜHLEN.

So geben selbst die pragmatischsten Balancierer in der Familiengründungsphase schnell auf, um sich zwischen Windeln, Teammeeting,

Supermarkt und Nestbau nicht hoffnungslos aufzureiben. Was Frauen selbstverständlich stillschweigend abverlangt wird, lässt die meisten Männer kapitulieren. Der schnelle **WECHSEL ZWISCHEN VERSCHIEDENEN ROLLEN** ist einfach zu viel für sie, Multi-Tasking scheint nicht ihre Sache zu sein. Da ziehen sie sich lieber (oder notgedrungen?) auf traditionelles Terrain im Job zurück und klinken sich zu Hause mehr und mehr aus. Statt als Vater aktiv zu sein glänzen sie durch Abwesenheit.

Ab und zu ein Spiel-, Sport- und Schmusepapi – mehr ist in den meisten Familien nicht drin. Viele sind nicht einmal zur Gute-Nacht-Geschichte zu Hause. Fast die Hälfte aller Väter verbringt weniger als zehn Stunden in der Woche aktiv mit ihren Kindern. Das ist zwar schon achtmal so viel wie vor 30 Jahren, aber trotzdem nur halb so viel wie die mütterlichen Aktivitäten und noch viel weniger, als die eigenen Kinder es sich wünschen.

Lässt sich das alte Rollenmodell ausbremsen?

82 Prozent aller Väter würden gern mehr Zeit mit ihren Kindern verbringen. 86 Prozent der berufstätigen Väter wünschen sich laut einer repräsentativen Umfrage des Instituts für Demoskopie Allensbach dafür **FLEXIBLERE ARBEITSZEITEN UND KINDERFREUNDLICHE ARBEITSBEDINGUNGEN**. Damit wäre der Schub in Richtung Traditionalisierung sicher schon etwas gebremst. Den Rest muss allerdings **EINE VERÄNDERTE EINSTELLUNG** bringen, auch bei Arbeitgebern. Wenn Männer erkennen, wie Kinder und Familie ihr Leben bereichern, sind sie eher bereit, neue Prioritäten im Alltag zu setzen. Je partnerschaftlicher die Arbeitsteilung, das haben Studien gezeigt, desto glücklicher ist die Paarbeziehung und desto zufriedener sind auch die Kinder. Und dass ein ausgeglichener Vater motivierter und leistungsfähiger im Job ist, hat sich inzwischen schon (allerdings noch folgenlos) bis in die Chefetagen herumgesprochen.

FRAGEBOGEN

Wie sieht's bei Ihnen aus?

Hier geht es um Ihren ganz persönlichen Alltag als Eltern. Sind Sie beide damit zufrieden, wie es läuft? Sehen Sie sich die Aussagen zuerst wieder getrennt an. Dann machen Sie Ihre Kreuze und vergleichen anschließend die Antworten. Tauschen Sie sich darüber aus, warum Sie sich so entschieden haben. Beziehen Sie Stellung. Vor allem, wenn viele Kreuze in der mittleren Spalte auftauchen, sollten Sie ausführlich miteinander sprechen: Wann genau trifft es zu und wann nicht?

Aussage	TRIFFT ZU	TRIFFT TEILS ZU	TRIFFT NICHT ZU
In unserer Partnerschaft ist eine einmal getroffene Vereinbarung in der Regel verbindlich	○	○	○
Ein Krise sehe ich eher als Chance, denn als Problem	○	○	○
Eine Entscheidung zu treffen ist für mich eher eine interessante Herausforderung als eine Bedrohung	○	○	○
Ich sehe ein Kind als eine Bereicherung, nicht als eine Belastung	○	○	○
Es ist wichtig für mich, im Leben erfolgreich zu sein	○	○	○
Hausarbeit und Kindererziehung sehe ich als ebenso wichtig an wie Erwerbsarbeit	○	○	○
Die heutigen Möglichkeiten, unser Leben zu gestalten, sind eher vielversprechend als Angst einflößend	○	○	○
Die Gleichberechtigung von Männern und Frauen ist im Alltag erreicht	○	○	○
Ich bin mit der Aufgaben- und Rollenverteilung in meiner Beziehung/Familie zufrieden	○	○	○

Biologie – Kultur – Erziehung: Warum ist ein Mann ein Mann?

Am Anfang sind wir alle gleich. Nur ein Viertausendstelmillimeter macht den kleinen Unterschied, der ein Leben lang so große Folgen hat: Die Rede ist vom sry-Gen, einem Mini-Schnipsel im zwei Meter langen DNS-Strang des Y-Chromosoms. Dieses kleine Ding macht den Mann zum Mann – aber erst ab der sechsten Schwangerschaftswoche. Denn vorher sind Embryos Zwitterwesen, deren Anlagen noch alles möglich machen. Künftige Männer und Frauen sind noch nicht zu unterscheiden, und die gesamte Entwicklung des Embryos ist automatisch auf Weiblichkeit programmiert. Erst wenn das sry-Gen den Startschuss für die Entwicklung der Hoden und die Produktion des männlichen Geschlechtshormons Testosteron gibt, werden die Weichen endgültig in Richtung Männlichkeit gestellt. Der Erbgut-Schnipsel hat seine Schuldigkeit getan.

Die **GENFORSCHUNG** und HUGO, das weltweite Humangenom-Projekt, das das menschliche Erbgut entschlüsselt, haben **NEUEN ZÜNDSTOFF** in die Geschlechterdebatte gebracht. Und verhelfen der Biologie zu einem grandiosen Comeback. Nicht allein Sozialisation und Umwelteinflüsse, wie in den letzten Jahren angenommen, sollen den Mann zum Mann und die Frau zur Frau machen. Nein, wie sich unsere Persönlichkeit entwickelt, liegt bereits in unseren Genen, heißt es neuerdings. Also doch **NATURGEGEBENE UNTERSCHIEDE**, wie vor dem Siegeszug der Sozialisations-These angenommen? Doch typisch männlich – typisch weiblich, biologische Fakten, gegen die Eltern mit ihrer Erziehung nicht ankommen? Oder **GRÖSSENWAHNSINNIGE WUNSCHVORSTELLUNGEN DER GENETIKER?**

Das Märchen von den Marsianern: Alles Gene oder was?

Tatsache ist: Unser GENETISCHES ERBE hat sich seit der Steinzeit kaum verändert. Das Y-Chromosom des Mannes hat sogar in den letzten sechs Millionen Jahren kein einziges Gen mehr verloren, wie das Wissenschaftsmagazin »Nature« berichtete. Auch wenn wir im 21. Jahrhundert leben – wir sind, genetisch gesehen, nach wie vor Höhlenbewohner, männliche Jäger und weibliche Sammlerinnen. Auch die Struktur unserer Gehirne und die Ausschüttung von Hormonen ist durch diese Uraltgene bedingt – und da gibt es einfach Unterschiede zwischen Männern und Frauen.

Ticken Frauen und Männer wirklich anders?

Populäre Bestseller wie die der beiden australischen Kommunikationstrainer Barbara und Allan Pease leiten daraus ganz selbstverständlich ab, dass Männer einfach anders sind als Frauen – und immer anders sein werden: »Frauen und Männer sind unterschiedlich. Nicht besser oder schlechter, sondern unterschiedlich. Außer der Tatsache, dass sie der gleichen Spezies angehören, gibt es keine nennenswerten Gemeinsamkeiten zwischen ihnen.« Für das Ehepaar Pease ist es deshalb kein Wunder, dass Männer nie zuhören und Frauen schlecht einparken können! Der kleine genetische Unterschied ist schuld daran, dass Frauen anders ticken als Männer. So die Behauptung. Auf diese Weise werden jedoch TRADITIONELLE GESCHLECHTERROLLEN – biologisch untermauert – zementiert.

Doch wir Menschen sind keine genetisch gesteuerten Bioautomaten. Egal ob Mann oder Frau – WIR SIND SCHLIESSLICH KEINE SKLAVEN UNSERER GENE! Klar hat jeder von uns sein eigenes genetisches Päckchen zu tragen. Unser Genom, mit dem wir auf die Welt kommen, legt nicht nur fest, ob wir blaue oder braune Augen haben und ob wir ein Junge oder ein Mädchen sind. Darin stecken auch Dispositionen für bestimmte Krankheiten, persönliche Stärken und Schwächen, besondere Begabungen, Intelligenz, Charaktereigenschaften und wesentliche Züge unseres Temperamentes. Ein ganz INDIVIDUELLER GENETISCHER MIX, der uns von jedem anderen Menschen unterscheidet. Doch ob diese Mischungen so eindeutig stark männlich oder weiblich geprägt sind, ist äußerst fraglich. Und hinzu kommt noch, wie wir – jeder und jede – das Ganze am Ende bewerten.

Keine Diktatur der Gene

An der Universität von Wisconsin sind Studien zu Geschlechterunterschieden aus den letzten 20 Jahren verglichen und analysiert worden. Das Ergebnis: Egal ob es um Kommunikationsverhalten, Gedächtnisleistung, Persönlichkeit oder Führungsstil geht – es gibt kaum Unterschiede zwischen den Geschlechtern. Nur beim sexuellen Verhalten in kurzfristigen Beziehungen, bei motorischen Fähigkeiten und körperlicher Aggression kamen wirklich Differenzen zwischen Männern und Frauen zu Tage. Die Geschlechter ähneln sich also mehr, als uns medienwirksam weisgemacht werden soll (→ Seite 26). Die Gene spielen sicher eine Rolle – aber eine weit geringere als oft angenommen. VON EINER DIKTATUR DER GENE KANN KEINE REDE SEIN. Dass Männer vom Mars und Frauen von der Venus sind, ist und bleibt ein Märchen, das uns die komplexe und komplizierte Welt vereinfachen möchte!

Gehirne lernen nie aus

Unser Genom ist nur unser GENETISCHES STARTPROGRAMM, um uns durch die Auseinandersetzung mit unserer Umwelt als einzigartiges Wesen zu entfalten. Etwa zu 50 Prozent bestimmt dieser Bausatz, wie Studien von Verhaltensgenetikern zeigen, unsere Intelligenz und Persönlichkeit. Wir sind also keine komplett »leere Tafel«, die von Eltern und Umwelt unbegrenzt beschrieben werden kann, sondern ein genetisch vorformulierter Lückentext, der auf sein Ausfüllen und weiteres Ausschmücken wartet. DOCH GERADE DARIN STECKEN CHANCEN!

Formbar und entwicklungsfähig

Unser Gehirn ist bei der Geburt längst nicht fix und fertig – es verändert sich unser Leben lang. Sobald wir das Licht der Welt erblicken und mit unserer Umwelt in Kontakt kommen, beginnt ein gigantischer Lernprozess. In seinem Verlauf bildet das Gehirn explosionsartig immer neue Verbindungen zwischen einzelnen Nervenzellen und bastelt sich so selbst seine eigene Struktur. Werden diese Verbindungen regelmäßig genutzt, bleiben sie auf Dauer erhalten. Andere kommen immer wieder neu hinzu.

Sogar im Alter ist das Gehirn, wie die Hirnforschung inzwischen weiß, noch in der Lage, neue Verknüpfungen zwischen Neuronen anzulegen, wenn es trainiert und mit Input versorgt wird. Diese LEBENSLANGE PLASTIZITÄT DES GEHIRNS macht uns lern- und entwicklungsfähig, offen für Umwelteinflüsse und Erziehung. Und sie bietet Eltern eine große Chance.

Denn dadurch haben Sie als Mutter und Vater einen gewichtigen Anteil daran, wie Ihr Sohn sein ihm eigenes genetisches Repertoire ausformt. Sie können seine Gehirnstruktur nicht komplett verändern, aber Sie können EINFLUSS AUF IHRE AUSGESTALTUNG NEHMEN. Sie können ihn fördern und in seiner Entwicklung gezielt unterstützen (→ Seite 31). Und so aus dem genetisch vorformulierten Lückentext schon einmal lesbare Prosa machen, die dann im Laufe des weiteren Lebens durch zunehmende Umwelteinflüsse mehr und mehr individuelle Schnörkel und zusätzliche Abschnitte bekommt.

Klischeespuk im Kopf: Erziehung ist nie wertfrei

Auch Erziehung findet nicht im luftleeren Raum statt. Die Familie des besten Freundes, die Erzieherinnen im Kindergarten, die türkischen Nachbarn – alle haben einen mehr oder weniger großen Einfluss auf unser Leben. Das gesamte SOZIALE UMFELD, MEDIEN und WERBUNG sowie die unterschiedlichsten VORBILDER spielen mit hinein – ganz abgesehen davon, was Mama und Papa ihrem Sprössling vorleben.

Was Jungen prägt

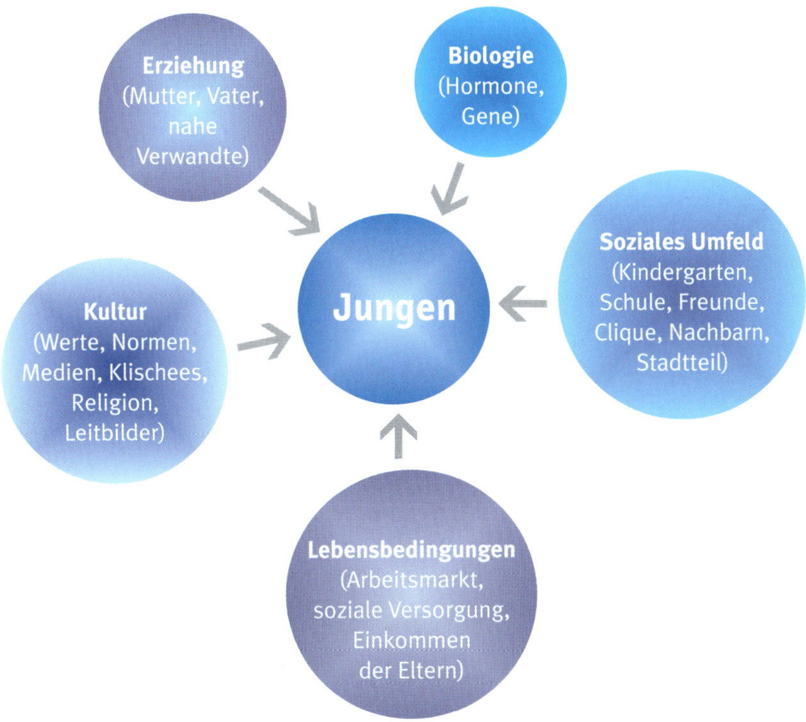

Bei so vielen Einflüssen ist es nur logisch, dass Jungen dabei von morgens bis abends mit **KLISCHEEVORSTELLUNGEN** konfrontiert werden: Wie soll sich ein »richtiger« Mann verhalten? Wie sind die Aufgaben zwischen Männern und Frauen verteilt? Was gilt als »cool«? Unterschätzen Sie den Einfluss von Fernsehserien und Kaffee-Werbung nicht! Selbst wenn die Signale noch so subtil und unterschwellig sind – Sie werden staunen, was im Kopf Ihres Sohnes alles ankommt. Schließlich waschen immer noch mehrheitlich Männer das Auto und Frauen die Wäsche! Das ist heute noch so wie zu Zeiten unserer (Groß-)Eltern. Und statt am Herd zu stehen, laden Papas in Werbespots den Nachwuchs eher in Fast-Food-Restaurants ein.

Bis sich hier grundlegend etwas ändert, wird es wohl noch eine Weile dauern. Selbst wenn Sie in Ihrer Familie die Haushaltspflichten anders

HAND AUFS HERZ

Kleine Selbstkontrolle

Nicht nur die Macht der Bilder prägt unsere Söhne. Hinzu kommt, dass wir selbst oft nicht ganz unschuldig an der Verbreitung von Klischees sind. Überlegen Sie:

- Haben Sie nicht noch viele dieser überkommenen Bilder verinnerlicht?
- Machen Sie nicht in alltäglichen Situationen noch mehr oder weniger bewusst den berühmten kleinen Unterschied?
- Sind Sie nicht insgeheim ein wenig stolz, wenn sich Sohnemann lautstark Respekt auf dem Spielplatz verschafft?
- Ist es Ihnen nicht peinlich, wenn er still und ängstlich herumhockt?
- Und packt Sie nicht die Panik, wenn Ihr kleiner Stammhalter gern mit Puppen spielt und auch mal Kleider und Schmuck aus der Verkleidungskiste kramt?

verteilen, müssen Sie deshalb erst einmal GEGEN DAS IMMENSE GEWICHT SOLCHER BILDER ANKOMMEN.

Wer seinem Sohn zu Hause typische Geschlechterklischees vorlebt, muss sich nicht wundern, wenn er diesen nacheifert. Wer aufgrund eigener UNSICHERHEIT immer wieder, und sei es auch nur unbewussst, widersprüchliche Signale aussendet und GEGENSÄTZLICHE ERWARTUNGEN an seinen Sprössling stellt, muss sich ebenfalls nicht wundern, wenn dieser sich dann an Klischees orientiert, die seine Umwelt ihm – scheinbar glaubwürdiger – präsentiert. Oft reichen schon ein winziges Lächeln, ein amüsierter Unterton in der Stimme – und schon kann diese versteckte Botschaft ein Klischee stärken.

MACHEN WIR UNS ALSO DIE MACHT DER BILDER BEWUSST. Nur so können wir sie mit der Zeit überwinden. Gestehen wir uns ein, dass wir noch nicht immer ganz klar und eindeutig wissen, wie unsere Rolle als Mann oder Frau in der Gesellschaft aussieht. Und dass wir aus Kindertagen noch einige traditionelle Erziehungsideale, typisch männliche und typisch weibliche Verhaltensweisen verinnerlicht haben. Die neue Emanzipationsbewegung wächst schließlich erst seit den siebziger Jahren.

Akzeptieren wir, dass auch in unseren Köpfen noch alte Klischees und überkommene Vorstellungen herumspuken. Schlecht für unsere Jungen, wenn sie damit konfrontiert werden! Daran sollten wir dringend etwas ändern.

»Ich kann die Welt nicht verändern, aber einen einzelnen Menschen, mich selber.«

[Karlheinz Böhm | *deutscher Schauspieler und Initiator der Hilfsaktion Menschen für Menschen*]

Sind Männer sture Egoisten und Frauen nörgelnde Ziegen?

Welche Bilder haben Sie im Kopf, wenn Sie an Männer und Frauen denken? Hier einige der typischen Klischees. Mal ganz ehrlich: Was meinen Sie dazu? Was können Sie aufgrund Ihrer Alltagserfahrungen bestätigen, was nicht? Tauschen Sie sich wieder mit Ihrem Partner aus. Und: Schummeln oder sich allzu oft nicht festlegen gilt nicht. Das wäre schade.

Aussage	TRIFFT ZU	TRIFFT TEILS ZU	TRIFFT NICHT ZU
Das Familienleben lässt sich einfacher organisieren, wenn nur einer berufstätig ist und der andere zu Hause bleibt	○	○	○
Frauen können mit Kleinkindern besser umgehen als Männer	○	○	○
Männer sagen sowohl im Beruf als auch in der Familie eher, wo es langgehen soll	○	○	○
Berufstätige Mütter kümmern sich weniger um ihre Kinder als Hausfrauen	○	○	○
Frauen bekommen alltägliche Dinge wie Wäschewaschen, Einkäufe und Kochen leichter in den Griff	○	○	○
Männer müssen dafür sorgen, dass ihre Familie ein gesichertes Einkommen hat	○	○	○
Männer sollten ihre Gefühle nicht offen zur Schau tragen	○	○	○
Männer denken immer zuerst an sich	○	○	○
Frauen nörgeln mehr herum als Männer	○	○	○
Wenn jemand Sorgen und Probleme hat, findet er bei einer Frau mehr Verständnis	○	○	○

Mütter – Väter – Eltern: Wie wird ein Mann ein Mann?

Auf keinen Fall sollten Sie Ihren eigenen Einfluss bei der Erziehung Ihres Sohnes unterschätzen. Der Grundstein dafür, zu welcher Art von Mann sich ein Junge später einmal entwickelt, wird in jedem Fall im ELTERNHAUS gelegt. Auch wenn mit den Jahren Umwelteinflüsse, gleichaltrige FREUNDE, die CLIQUE, also die »Peers«, für unsere Kinder immer mehr an Bedeutung gewinnen. So eignen sich Kinder, wie Untersuchungen am Deutschen Jugendinstitut in München gezeigt haben, einen großen Teil ihres Wissens, ihrer sozialen und kommunikativen Fähigkeiten außerhalb von Familie und Schule in erwachsenenfreien, selbst organisierten Gruppen an.

Trotzdem sind Werte und Vorstellungen, die sie sozusagen bereits mit der Muttermilch aufgenommen haben, in der Regel eine Orientierung, an die sie sich immer erinnern werden. Sie als Eltern können deshalb eine Menge dazu beitragen, wie sich Ihr Sohn entwickelt und welche Freunde er sich sucht – jeder von Ihnen beiden auf seine ganz eigene Art und Weise.

Yin und Yang: Das Gleichgewicht macht's

So spielen Sie als MUTTER nicht nur in den ersten Lebensjahren als enge Bezugsperson einen wichtigen Part. Auch wenn die Übermacht des Weiblichen häufig kritisiert wird – Ihr größter Vorteil ist, dass Sie in den Augen Ihres Sohnes KEIN »RIVALE« sind. Bei Ihnen muss sich kein kleiner Mann beweisen, wenn Sie es nicht einfordern! Sie können deshalb, auch über die Kindertage hinaus, ein enges und vertrauensvolles Verhältnis zu ihm aufbauen.

Andererseits braucht ein Junge aber auch dringend einen Vater, ein **VERLÄSSLICHES MÄNNLICHES VORBILD**, an dem er sich orientieren und dem er folgen kann. Einen Vater, der Zeit für ihn hat und sich auch um Alltägliches kümmert. Einen »ganzen« Mann – nicht nur einen Schönwetterpapa (ab Seite 76)!

Doch genau daran hapert es leider noch allzu oft. Höchste Zeit, daran etwas zu ändern! Denn ein Junge kann nur ohne größere Schwierigkeiten zum Mann werden, wenn er auch Männer um sich hat. Söhne brauchen beide gleichermaßen – Mütter und Väter! Eine »**YIN- UND YANG-ERZIEHUNG**« sozusagen, in der männliche wie weibliche Aspekte gleichermaßen zum Tragen kommen, gleichgültig von welchem Elternteil sie eingebracht werden.

> Weder weibliche Übermacht
> noch männliches Vordrängeln,
> ein ausgewogenes Gleichgewicht,
> in dem die besten Seiten
> von jedem zum Tragen kommen.

Nur so könnten Jungen sich ohne starres Rollenkorsett frei entfalten und ihr ganz persönliches Bild von Männlichkeit prägen. Wie dies in der Praxis aussehen kann und was Sie selbst ganz konkret in Ihrem Familienalltag dafür tun können, erfahren Sie in den nächsten Kapiteln.

Wichtig ist Ihre grundsätzliche Bereitschaft, sich beide voll und ganz auf die Erziehung Ihres Sohnes einzulassen. Und sich ab und zu ein paar kritische Gedanken über Ihre eigene »männliche« und »weibliche« Rolle, die Sie täglich spielen, und Ihre eigenen Verhaltensweisen zu machen (→ Seite 20, 28). Sie werden sehen: Es ist **EINE GUTE INVESTITION** – für Ihren Sohn ebenso wie für Sie selbst.

Einfühlsam und engagiert: Reisebegleiter gesucht!

Wie Sie in den vorangehenden Abschnitten gelesen haben, ist es in der heutigen Zeit gar nicht so einfach, zum Mann heranzuwachsen. Wenn Sie Ihren Sohn fit für die Zukunft machen möchten, sind mehr als Regeln und Grenzen nötig. Um wirklich mit überkommenen Klischees zu brechen und den Weg für neue Männerbilder zu ebnen, brauchen Jungen einfühlsame und engagierte Mütter *und* Väter. Aktive Eltern, die bereit sind, gemeinsam mit ihrem Sohn auf eine abenteuerliche Reise zu gehen – die **REISE ZUM ERWACHSENWERDEN**. Eine Reise, bei der nicht Sie allein das Steuer fest in die Hand nehmen, sondern auch Ihren Sohn mal ans Ruder lassen. Bei der nicht von vornherein Richtung und Ziel feststehen, sondern durchaus – je nach Entwicklung – Kursänderungen und Abstecher drin sind. Und bei der nicht Sie allein das Tempo vorgeben, sondern Sie auch bereit sind, mal Pausen zu seinen Gunsten einzulegen. Damit Sie den Blick wieder frei bekommen für das, was wirklich zählt und wichtig ist – nämlich die Entwicklung der Persönlichkeit Ihres Sohnes und seine Zufriedenheit im Leben.

Beides gerät im Erziehungsalltag leicht in Vergessenheit – gerade bei Jungen. Oft genug werden an den »Stammhalter« Erwartungen gestellt, die dieser nicht erfüllen kann. Und nicht selten soll er stellvertretend für seine Eltern Ziele verwirklichen, die diese nie erreicht haben. Jungen mit fraglichen Klischeevorstellungen im Hinterkopf in eine Rolle pressen zu wollen, die nicht die ihre ist, bringt gar nichts!

Helfen Sie Ihrem Sohn stattdessen lieber, seinen ganz persönlichen Weg im Leben zu finden – **JENSEITS VON STEREOTYPEN ROLLENBILDERN**, aufgezwungenen Männlichkeitsidealen oder weiblichen Erwartungen (→ Seite 38). Denn nur so kann aus ihm ein glücklicher, zufriedener Mann werden, stark und sensibel zugleich.

Jungenleben
und
Jungenträume

→ Sind Jungen heute das schwache Geschlecht? Sie gelten als zappelig, streitlustig, ecken mehr an als Mädchen. Kein Wunder, wenn man sie in ungünstige Lebensumstände presst, widersprüchliche Erwartungen an sie stellt und an weiblichen Maßstäben misst. Wer Defizite betont, übersieht, dass jeder Junge einzigartig ist und nur etwas Verständnis braucht, um sich optimal zu entwickeln.

Womit Jungen zu kämpfen haben

Harry Potter ist ein cooler Typ. Klar, auch er muss Hausaufgaben machen und sich den Zwängen des Schullebens in Hogwarts unterwerfen. Aber alles in allem kann er sich dank seiner magischen Kräfte einige Freiheiten herausnehmen, und sein Leben strotzt nur so von Abenteuern und spannenden Erlebnissen. Etwas, wovon jeder Junge insgeheim träumt!

Auch die »Wilden Kerle« sind klasse! Gehen gemeinsam durch dick und dünn. Eine echte Clique, die zusammenhält. Freundschaft und Fußball – die Jungen-Traummischung schlechthin. Der Umsatz, der mit solchen modernen Helden gemacht wird, spricht für sich.

FREIHEIT, KAMERADSCHAFT, ABENTEUER – JUNGENTRÄUME sind heute nicht anders als zu Zeiten ihrer Großväter. Früher waren es Winnetou oder Tom Sawyer und Huckleberry Finn, die die Herzen Heranwachsender höher schlagen ließen. Jetzt sind es Harry Potter und die Kicker-Kids. Die Fantasien und Wünsche aber, die diese Figuren zum Ausdruck bringen, sind gleich geblieben.

Was sich drastisch verändert hat, sind die Lebensbedingungen der Jungen. Die DISKREPANZ ZWISCHEN WUNSCH UND WIRKLICHKEIT ist mit den Jahren immer größer geworden. Leider ist der reale Jungen-Alltag heute oft alles andere als traumhaft. Die Wirklichkeit kommt eher nüchtern und langweilig daher, von Freiheit und Abenteuer keine Spur. Und selbst mit Kameradschaft und Freundschaft hapert es nicht selten. Alles Lebensumstände, die sich im Verhalten der Jungen nicht unbedingt positiv niederschlagen.

Enge statt Raum

Mietwohnungen und kleine Reihenhausgrundstücke, triste betonierte Schulhöfe und viel befahrene Straßen – die alltägliche Lebenswelt unserer Kinder ist heute trotz weltweiter Mobilität erschreckend klein und eng, ihr AKTIONSRADIUS ÄUSSERST BEGRENZT. Da können sich diejenigen, die einen Spielplatz oder Park in der Nähe haben, schon glücklich schätzen. Unverbaute Flächen, freie Natur kennen viele höchstens aus dem Urlaub. Aber sogar Kinder, die auf dem Land leben, sind eher per Mama-Taxi unterwegs als mit dem eigenen Fahrrad oder zu Fuß. Leider.

Wichtig: Entfaltungsmöglichkeiten

Denn wo der Lebens- und Bewegungsraum zu sehr beschnitten wird, fehlen wichtige Möglichkeiten zur ungehinderten Entfaltung – vor allem für Jungen. Fußballspielen vor der Haustür, auf Bäume klettern oder laufen, bis man aus der Puste kommt, all das – wovon ihre Väter noch zu berichten wissen – kennen viele kleine Kerle gar nicht mehr.

Nur noch 14 Stunden in der Woche verbringen Kinder heute laut Statistik draußen – wenn überhaupt. Kein Wunder, dass immer mehr von ihnen zu dick sind und ihre körperliche Fitness zu wünschen übrig lässt. Ganz zu schweigen davon, dass ihnen wichtige SINNESERFAHRUNGEN FÜR IHRE GEISTIGE UND KÖRPERLICHE ENTWICKLUNG FEHLEN. Doch zum Bewegen braucht man Platz – und den gibt es kaum mehr.

Auch vom Bau eines Baumhauses oder einer Laubhöhle, vom Planschen in einem Bach oder vom Versteckspiel auf Dachböden oder im Wald können viele Jungen heute nur noch träumen.

Manchmal werden solche Träume in Ferienlagern oder bei Bauernhofurlauben wahr. Der Alltag spielt sich dagegen eher in praktisch möblierten 12-Quadratmeter-Kinderzimmern ab, vor der Haustür die Bittenicht-betreten-Grünfläche und nebenan lärmempfindliche Nachbarn. Die Chancen für kleine Kinder, sich mehr als ein paar Meter von einer erwachsenen Hand zu entfernen, sind nahezu gleich null. Selbst größere können sich nicht immer vollkommen frei bewegen. UNBEOBACHTETE SPIELRÄUME SIND ABSOLUTE MANGELWARE. Und obwohl Jungen – wie Untersuchungen zeigen – sich weiter von zu Hause entfernen und ein größeres Areal durchstreifen als gleichaltrige Mädchen, ist dieser Aktionsraum kaum mit denen früherer Generationen zu vergleichen.

So leben unsere Söhne heute auf eng begrenztem Terrain mit permanent ANGEZOGENER AKTIVITÄTSBREMSE. Wie ein Tiger im Käfig stoßen sie ständig an äußerliche Grenzen. Kaum erstaunlich, dass viele von ihnen sie mit überschießender Kraft zu durchbrechen versuchen, um sich endlich mehr Bewegungsspielraum zu verschaffen.

> »Mädchen und Jungen haben auch heute noch unterschiedliche Bewegungsräume, obwohl sich die Aufgabenverteilungen zwischen Männern und Frauen sehr geändert haben und nur noch wenige Männer auf die Jagd gehen.«

[Dr. Claudia Quaiser-Pohl | *Psychologin und Medizinerin, und*
Dr. Kirsten Jordan | *Neurobiologin, Universität Magdeburg*]

Gruppe statt Clique

Mutter-und-Kind-Turnen, musikalische Früherziehung, Töpferkurs und Judotraining – an Beschäftigungsangeboten mangelt es den Kindern heute in der Tat nicht. Der Haken dabei: Fast alles ist organisiert und fest in Erwachsenenhand. GEORDNET, GEPLANT UND MANCHMAL AUCH ÜBERWACHT. Für Jungen eine Katastrophe! Schließlich ist es etwas anderes, ob sich die Kumpels aus der Nachbarschaft spontan in immer anderer Zusammensetzung zum Kicken auf einem Bolzplatz treffen können oder ob eine fest aufgestellte Mannschaft unter dem Kommando eines Trainers Fußball spielt. Nichts gegen Sportangebote in Vereinen – doch mit in Eigenregie organisierten Gruppen von Gleichaltrigen sind sie kaum vergleichbar.

Väter und Großväter haben sicher noch viele spannende Erlebnisse zusammen mit ihren Freunden in Erinnerung. Da wurde getobt, Räuber und Gendarm gespielt und ein Streich nach dem anderen ausgeheckt. Das schweißte zusammen – manchmal fürs Leben. Heute können Jungen solche ABENTEUER meist nur noch PASSIV IM FERNSEHEN oder Kino MITERLEBEN. Live bietet sich ihnen dazu kaum eine Gelegenheit. Brüder und Nachbarkinder sind oft rar. Schulfreunde wohnen nicht selten weit voneinander entfernt. Viele Kinder haben berufstätige Eltern und gehen nachmittags in den Hort oder in eine Ganztagsschule.

Doch selbst wenn die Kinder am Nachmittag freie Zeit haben und einige Spielkameraden in der Nähe sind, fehlt es oft wieder am nötigen Raum. Wo können sich schließlich noch mehrere kleine Kerle ungestört und ohne ständig von Erwachsenen kontrolliert zu werden treffen und in Eigeninitiative Aktivitäten planen und durchführen?

Sozialwissenschaftler sprechen bereits davon, dass unsere Kinder immer stärker »VERHÄUSLICHEN« UND »VERINSELN«, das heißt: nur noch an speziell für kleine Leute ausgewiesenen Plätzen isoliert werden und im Extremfall allein zu Hause sitzen.

Jungen brauchen »Gangs«

Doch Jungen sind in der Regel keine einsamen Wölfe, sie fühlen sich im Rudel wohl. Schon ab einem Alter von etwa 20 Monaten ziehen sie andere männliche Wesen mit gleichen Vorlieben und gleichem sozialen Stil als Spielgefährten vor. Und während Mädchen meist eine beste Freundin haben, tun sich Jungen eher mit mehreren anderen zusammen. CLIQUEN, CLUBS UND GANGS SIND IHRE WELT. »Männerfreundschaften« werden groß geschrieben. Eine organisierte Gruppe ist mit Sicherheit nicht schlecht, aber kaum ein Ersatz für Freunde und Kumpels. Vor allem wenn die Gruppen, wie es leider oft der Fall ist, auch noch unter weiblicher Leitung stehen!

HAND AUFS HERZ

Weniger ist oftmals mehr

Viele Mütter schleppen ihre Söhne gestresst und gehetzt von Termin zu Termin, weil sie glauben, sie um jeden Preis fördern zu müssen. Dabei ist unverplante Zeit für ihre Entwicklung ganz wichtig. Überlegen Sie:

- Wie viele Kurse besucht Ihr Sohn?
- Wie viele freie Nachmittage bleiben ihm?
- Müssen Sie ihn häufig motivieren, zu den Kursen zu gehen, vielleicht sogar zwingen?
- Liegen ihm alle Aktivitäten oder haben Sie ihn etwa beim Musikkurs nur angemeldet, weil die meisten Kinder seiner Klasse dort hingehen?
- Ist Ihr Sohn oft zappelig und überdreht? Schläft er unruhig?
- Sind Sie selbst im Alltag häufig gestresst und unter Druck?

Weibliche Erwartungen statt männlicher Vorbilder

Mütter und Omas, Erzieherinnen im Kindergarten und Tagesmütter, Übungsleiterinnen beim Kinderturnen und Grundschullehrerinnen – bis zum Alter von etwa zehn Jahren haben Jungen von wenigen Ausnahmen abgesehen überwiegend weibliche Bezugspersonen.

Väter haben kaum Zeit für ihren Nachwuchs, ihre Arbeit ist für ihre Söhne fast immer unsichtbar, und **MÄNNLICHE VORBILDER SIND IM ALLTAG MANGELWARE.**

Das Fatale daran: Gerade in der Zeit von drei bis zwölf Jahren, in der sich kleine Kerle ihres eigenen Geschlechts immer bewusster werden, suchen sie die Aufmerksamkeit ihrer Väter. Ihre männliche Identität entwickelt sich. Dumm für sie, wenn sie dann fast nur Frauen und deren Verhaltensweisen vor Augen haben. Etwa ab dem dritten Lebensjahr beginnen sie, sich als Junge einzuordnen und von allem, was »weiblich« ist, ein bisschen mehr auf Distanz zu gehen, um sich selbst besser finden zu können. Doch wenn sie in ihrer eigenen Umgebung keine Beispiele dafür sehen, was und wie »männlich« ist, fehlt ihnen eine wichtige Orientierung für ihre Entwicklung (→ Seite 50/51).

Jungen müssen sich entfalten können

Sie träumen davon, Rennfahrer, Lokomotivführer oder Fußballstar zu werden. Sie toben als Piraten, Indianer und intergalaktische Sternenkrieger über Stock und Stein. Sie lärmen, kämpfen und wetteifern miteinander. Sie bauen, hämmern und zerlegen alles, was nicht niet- und nagelfest ist, in seine Einzelteile. Alles Dinge, mit denen ihre **WEIBLICHE UMGEBUNG KAUM ETWAS ANFANGEN KANN.** So ernten sie oft nur verständnislose oder gar genervte Blicke.

Umgekehrt sind vielen Jungen stille Beschäftigungen und Bastelarbeiten, für die Fingerspitzengefühl nötig ist, eher ein Graus.

So können sie Erwartungen, die in Kindergarten und Grundschule an sie gestellt werden, kaum gerecht werden. Und ihr Forscher- und Entdeckerdrang, ihre Freude an Bewegung und ihre Kreativität werden häufig früh ausgebremst und in ihre Schranken verwiesen.

Konsum statt Aktion

2

»Löwenzahn«-Experimente und Tierfilme, Abenteuerserien und Comedy – das Fernsehen bringt heute auf dutzenden Kanälen das »wahre« Leben ins heimische Wohn- und nicht selten sogar schon ins Kinderzimmer. Wer etwas von der Welt sehen will, muss keinen Fuß mehr vor die Tür setzen. Erleben können unsere Kinder so allerdings nicht wirklich etwas! Sie wissen zwar vieles, selbst ausprobiert haben sie es jedoch nicht. Mit realen Aktivitäten und hautnahen Erfahrungen für alle Sinne hat dies nichts mehr zu tun. Passiv vor dem Fernseher zu hocken ist ein lauer Ersatz für echte Taten. Leider ist es inzwischen häufig die einzige Möglichkeit, wie unsere Söhne ihre Sehnsucht nach Freiheit und Abenteuer stillen können.

Je langweiliger und steriler ihr Alltag, desto **HÄUFIGER DER MEDIENKONSUM.** Vor allem Fernsehen, Video- und Computerspiele werden von Jungen – wie Studien gezeigt haben – gern und wesentlich häufiger als von Mädchen zum Zeitvertreib benutzt. Sich vom Flimmerkasten

» Allen Verheißungen **virtueller** Gemeinschaften zum Trotz: Es ist **wichtiger,** ein wirkliches **Leben** in einer **wirklichen** Umgebung zu führen. «

[Clifford Stoll | *amerikanischer Internetpionier und -kritiker*]

berieseln zu lassen oder am PC zu »daddeln« statt aktiv etwas gegen die eigene Langeweile zu tun ist vor allem bei Jungen sehr beliebt. Am Monitor verschaffen sie sich den Kick und Nervenkitzel, der ihnen im Alltag fehlt. Dort leben sie ihre (Tag-)Träume aus. SPANNUNG UND ABENTEUER AUS DER RETORTE.

PC als sozialer Lückenfüller?

Während bei kleineren Kindern eher TV, DVD und Spielkonsole die bevorzugten »Beschäftigungsmaschinen« sind, gewinnt der PC mit zunehmendem Alter immer mehr an Bedeutung. Mädchen lieben Pferde, JUNGEN COMPUTER. Sie spielen, chatten im Internet und halten per Mails Kontakt. Laut einer Untersuchung des Medienpädagogischen Forschungsverbunds Südwest besitzt bereits jeder zweite deutsche Jugendliche zwischen 12 und 19 Jahren einen eigenen PC oder Laptop, und 34 Prozent surfen direkt von ihrem Zimmer aus durchs weltweite Netz. Virtuelle Kontakte ersetzen häufig die fehlenden realen Begegnungen mit Gleichaltrigen. So dienen PC und Internet nicht nur als zeitliche, sondern auch als soziale Lückenfüller. Leider sind Pokemon, Sims & Co. weder Freunde aus Fleisch und Blut noch die idealen Partner, um sich in Sachen Kommunikation und sozialer Kompetenz zu üben.

Andererseits ermöglicht der Computer Jungen aber auch NEUE FORMEN DER GESELLIGKEIT. Über die Hälfte des männlichen Nachwuchses gab bei einer Studie der Universität Bielefeld an, oft mit Freunden zusammen Video- oder Computerspiele zu machen. Schreibtischtreff statt Bolzplatzclique. Moderne Club-Variante des Medienzeitalters, auf engstem Raum zu Hause mangels wirklicher Alternativen draußen. Da hocken dann mehrere kleine Kerle gebannt vor dem Bildschirm und suchen gemeinsam nach den besten Spielstrategien. Oder sie ermitteln im Wettstreit gegeneinander den Gamer mit den meisten Punkten oder dem höchsten Spiellevel.

Action findet, abgesehen vom Mausklick, nur noch auf dem Bildschirm statt. Kein Rangeln und Raufen mehr, KONKURRENZKAMPF OHNE BODYCHECK, aber auch ohne persönlich real spürbare Konsequenzen. Und wenn es dann doch einmal dazu kommt, schießen sie – mangels Körpererfahrung und erlerntem Respekt – über das Ziel hinaus, verletzen andere und werden verletzt.

HAND AUFS HERZ

Wie sah Ihre Kindheit aus?

Versuchen Sie, sich bewusst zu machen, wie Sie aufgewachsen sind:

- Wie viele Freunde/Kumpels hatten Sie?
- Wo wohnten sie (in der Nachbarschaft, weiter weg, in einem anderen Stadtteil)?
- Konnten Sie sie allein besuchen und treffen?
- Gehörten Sie einer Clique, einem Club, einer Mannschaft an?
- Wo haben Sie sich getroffen? Was haben Sie zusammen gemacht?
- Wie weit durften Sie sich mit Erlaubnis Ihrer Eltern allein von zu Hause entfernen (zu Fuß, mit dem Fahrrad), als Sie so alt waren wie Ihr Sohn jetzt?
- Welches waren Ihre Lieblingsbeschäftigungen in dem Alter?
- Wie oft in der Woche und wie lange haben Sie draußen gespielt?
- Wie oft und wie lange durften Sie fernsehen?

Was haben Sie festgestellt? Dass vieles automatisch anders lief als heute? Überlegen Sie, was an Positivem aus Ihrer Kindheit in den Alltag Ihres Sohnes zu übernehmen wäre – könnte er vielleicht eine Stunde länger draußen bleiben, lässt sich sein Aktionsradius erweitern, weil er sich sehr verantwortungsbewusst gezeigt hat, könnten Sie die Fernsehzeiten überprüfen…?

Defizite und Probleme: Immer Ärger mit den Jungs!

Sie sind laut, wild, zappelig und gehen ihrer Umwelt häufig auf die Nerven. Sie sind streitlustig und ecken oft an. Da sind **ZOFF UND KONFLIKTE VORPROGRAMMIERT**. »Immer Ärger mit den Jungs!« stöhnen deshalb nicht selten Mütter, Erzieherinnen und Lehrerinnen im Chor.

Glaubt man den Klagen, sind Jungen das »schwierige« Geschlecht. Söhne waren früher der Stolz der Familie. Jeder Vater sehnte einen Stammhalter herbei. Inzwischen wünschen sich immer mehr Eltern Töchter: Sie gelten – von der Pubertät abgesehen – als umgänglicher und leichter zu erziehen. Jungen werden heute dagegen eher **ALS STÖRENFRIEDE UND SCHULVERSAGER ABGESTEMPELT**. Von »armen Jungen« ist bereits die Rede und vom »wahren schwachen Geschlecht«.

Sind Jungen schwach und aggressiv?

Fest steht, dass Jungen in einigen Dingen einfach anders sind als gleichaltrige Mädchen. Wer sie allein an weiblichen Maßstäben misst und sie ausschließlich aus weiblicher Perspektive betrachtet, meint schnell, Defizite und Probleme zu entdecken.

Tatsachen sind aber:

1. **JUNGEN ENTWICKELN SICH ANDERS ALS MÄDCHEN** – körperlich, geistig und sozial. Mädchen sind bereits bei der Geburt reifer und haben bis zur Pubertät locker einen Entwicklungsvorsprung von etwa zwei Jahren. Erst danach schließen die Jungen endgültig auf. Da kann es bei direkten Vergleichen leicht zu voreiligen Schlüssen kommen.

2 **KLEINE KERLE SIND HÄUFIG OPFER IHRER UNGÜNSTIGEN LEBENSBEDINGUNGEN.** Denn wenn Wünsche und Bedürfnisse im Alltag fast ständig auf der Strecke bleiben, hinterlässt das natürlich Spuren im Verhalten. Das wiederum nährt ebenfalls oft Vorurteile.

3 **ELTERN UND UMWELT HABEN TAGTÄGLICH WIDERSPRÜCHLICHE ERWARTUNGEN AN SIE.** So werden Söhne zwischen traditionellen Leitbildern, die noch immer in den Köpfen herumspuken, und modernen Anforderungen eines neuen Jungen- und Männerbildes hin und her gerissen. Die Folge dieses Dilemmas: wiederum oft ein Verhalten, das eher negativ als positiv bewertet wird. Leider stützt dies pauschale Urteile über unseren männlichen Nachwuchs.

TÄGLICHES DILEMMA

Widersprüchliche Erwartungen an kleine Kerle

Ich soll ...	Doch ich soll auch ...
... mich durchsetzen	... rücksichtsvoll sein
... mich immer wehren	... kein Raufbold sein
... möglichst cool sein	... Verständnis aufbringen
... gute Noten nach Hause bringen	... kein Streber sein
... freundlich und aufmerksam sein	... kein »Weichei« sein
... meinen Eltern keine Sorgen machen	... nicht zu angepasst sein
... keine Angst haben	... nicht leichtsinnig sein
... jeden Spaß vertragen können	... meine Gefühle zeigen
... ein richtiger Mann werden	... bloß nicht fragen, was das ist

Kleine Kerle sind besser als ihr Ruf

So kommt es, dass Jungen heute schnell einen **SCHLECHTEN RUF** haben. Ob Ärger in der Sandkiste oder Lärm in der Schulklasse – sofort wird ein Schuldiger ausgemacht, und das ist garantiert kein Mädchen! Sicher sind auch Jungen nicht immer Unschuldslämmer. Doch das heute weit verbreitete **UNGERECHTE SCHUBLADENDENKEN** haben sie nicht verdient – zumal bei der Betonung von Defiziten und Problemen tatsächlich viele Vorurteile im Spiel sind. Einige der folgenden mögen sogar auf den ersten Blick zutreffen, aber sicher nur, weil Eltern, Erzieher und Co. diese auch fleißig durch ihr Verhalten den Jungen gegenüber weiter provozieren und nähren.

Jungen sind häufiger krank

Richtig ist, dass mehr Jungen mit angeborenen Fehlbildungen und Chromosomenanomalien zur Welt kommen als Mädchen. Bei einzelnen Erbkrankheiten wie etwa der Hüftdysplasie liegt jedoch das weibliche Geschlecht vorn. Das Atemsystem ist bei Jungen vor allem im Vorschulalter anfälliger. So leiden in den ersten Lebensjahren doppelt so viele Buben unter Asthma wie Mädchen. Diese quälen sich eher mit harmloseren Erkältungen und Infekten. Auch Allergien wie Heuschnupfen machen Jungen anfänglich mehr zu schaffen, ab der Pubertät trifft es eher die Mädels. Warum das so ist, wissen die Mediziner bislang noch nicht. Möglicherweise sind Jungen durch ein bei der Geburt weniger ausgereiftes Nervensystem stressanfälliger. Und das beeinträchtigt dann ihr Immunsystem.

Jungen sind lauter und anstrengender

Mädchen schlafen, Jungen schreien. Nicht immer, aber tatsächlich weitaus häufiger als weibliche Neugeborene. Die berüchtigten Drei-

Monats-Koliken, die frisch gebackene Mütter an den Rand des Wahnsinns treiben können, treten überwiegend bei Buben auf. Hierfür gibt es bisher keine exakte Erklärung. Aber auch später macht sich das starke Geschlecht häufiger lautstark bemerkbar als gleichaltrige Mädchen und lässt sich schwerer beruhigen als diese.

Jungen sind ANSTRENGENDER im Umgang als die »pflegeleichten« Mädchen. Die Trotz- oder Autonomiephase fällt bei Jungen meist heftiger und länger aus, und im Kindergartenalter werden sie stärker von Trennungs- und anderen Ängsten geplagt. Sie weinen oder wüten, weil sie sich keine Blöße geben mögen.

Dahinter stecken jedoch empfindsame, verletzbare und sensible kleine Kerle, die sich NACH LIEBE UND GEBORGENHEIT SEHNEN. Leider werden diese Bedürfnisse oft nicht beachtet. Statt Körperkontakt und Zärtlichkeit gibt's klischeehafte »Jungen-weinen-nicht«-Sprüche, die nicht trösten. Die einzige Chance der »kleinen Helden in Not«, wie die Pädagogen Rainer Neutzling und Dieter Schnack sie schon vor etlichen Jahren nannten: erneut nach Aufmerksamkeit zu schreien. Ihr »anstrengendes« Verhalten wird also durch den falschen Umgang damit bestärkt.

Jungen sind wilder und unruhiger

Fakt ist, dass Buben insgesamt einen größeren Bewegungsdrang haben als Mädchen. Von klein auf sind sie unruhiger, zappeliger, mobiler. Hier spielen nach Meinung von Experten die Hormone eine gewichtige Rolle. Bereits Neugeborene haben fast so viel männliches GESCHLECHTSHORMON TESTOSTERON im Körper wie Jungen in der vorpubertären Phase. Nach einigen Wochen sinkt der Spiegel wieder, bis er sich im Alter von vier Jahren verdoppelt. Dadurch werden die kleinen Kerle aktiver, lauter, protziger, aber auch launischer und aggressiver. Sie rangeln, raufen und konkurrieren miteinander. Sie spielen sich als Minimacho auf und bemühen sich ständig, durch ihr Imponiergehabe ihre »Männlichkeit« zur Schau zu stellen. Waffen, Werkzeuge und andere Jungenspielzeuge haben Hochkonjunktur. Ab fünf Jahren sinkt der Hormonspiegel dann wieder etwas, um in Richtung Pubertät erneut sprunghaft anzusteigen.

Doch neben den Hormonen hat auch hier wieder das VERHALTEN DER ELTERN EINFLUSS. So haben Studien gezeigt, dass Jungen schon früh ein größerer Bewegungsradius zugestanden wird als Mädchen. Sie erobern sich weitere Räume und riskieren auch oft mehr, da sie eher schwierige Bewegungsabläufe ausprobieren dürfen.

Was Jungen wirklich wollen

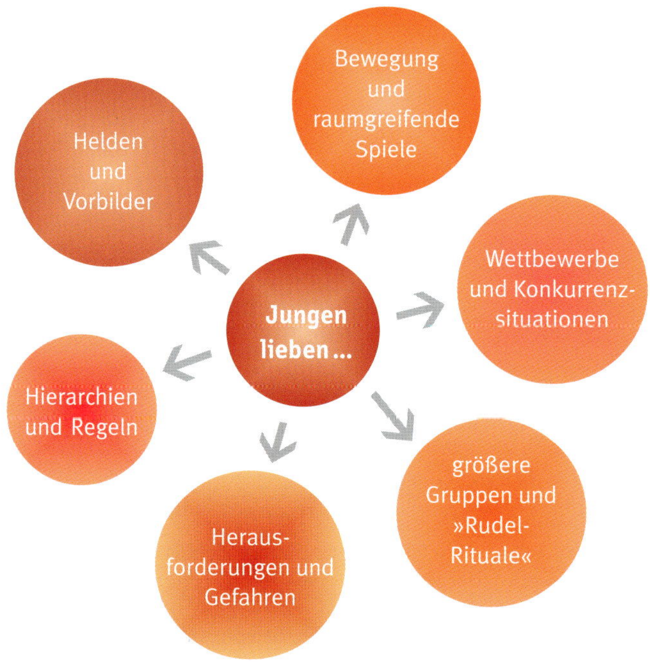

Und sie dürfen eher in Maßen aggressiv sein und ihre Interessen auch mal etwas ruppiger durchsetzen. Viele Eltern sind sogar stolz auf ihren kleinen »Draufgänger« oder »Sandkastenrambo«, der sich von anderen nicht unterbuttern lässt. **DAS BESTÄRKT IHRE SÖHNE IN IHREM WILDEN BEWEGUNGS- UND SOZIALVERHALTEN.** Ganz nebenbei schulen sie so stärker ihr Durchsetzungsvermögen, ihr Konkurrenzdenken, ihre grobmotorischen Fähigkeiten und ihre viel gerühmte gute räumliche Orientierung.

2

Jungen haben mehr Schwierigkeiten in der Schule

Das stimmt leider bei vielen kleinen Kerlen. **MÄDCHEN SCHNEIDEN WÄHREND DER GESAMTEN SCHULZEIT INSGESAMT BESSER AB:**

- Von den Kindern, die von der Einschulung zurückgestellt werden, sind 60 Prozent Jungen.
- Jungen müssen häufiger eine Klasse wiederholen. So hatten laut PISA-Studie bei den Neuntklässlern 35 Prozent von ihnen eine »verzögerte Schullaufbahn« im Vergleich zu 24 Prozent der Mädchen.
- Bei den Schulschwänzern sind 68 Prozent Jungen.
- Jungen haben bei der Rechtschreibung größere Probleme als Mädchen. Sie leiden zweieinhalb Mal häufiger unter Lese-Rechtschreibschwäche (LRS).
- An den Gymnasien gibt es immer weniger männliche Schüler. 56 Prozent der Abiturienten sind bereits Mädchen. An den Sonderschulen sind Jungen dagegen mit gut 63 Prozent überrepräsentiert.

In Fächern wie Mathematik und Naturwissenschaften, früher eher Jungen-Bastionen, haben die Mädchen inzwischen – nicht zuletzt dank spezieller Förderung – zu ihren männlichen Mitschülern aufgeschlossen. Dass sie in Fremdsprachen und Deutsch ihre Klassenkameraden oft locker abhängen, erklären Wissenschaftler mit der unterschiedlichen

Ausreifung und Vernetzung der Gehirne beider Geschlechter. Mädchen nutzen, wenn es um Sprache geht, beide Hirnhälften, **JUNGEN STEHT NUR EINE ZUR VERFÜGUNG**. Die Folge: Sie lernen später sprechen, verfügen später über einen vergleichbaren Wortschatz und sind unsicherer in Sachen Rechtschreibung. Ausnahmen bestätigen allerdings wie immer die Regel (→ Seite 54) und endgültige Beweise für diese Annahme gibt es nicht.

NEUE ERKLÄRUNGSANSÄTZE

Neuerdings vertreten Pädagogen die Meinung, dass es den Jungen in der Schule einfach an der nötigen **MOTIVATION UND ÜBUNG** fehlen könnte. Sind doch Lesetexte, Deutsch- und Fremdsprachenunterricht eher auf Mädcheninteressen abgestellt und für »ganze« Kerle ziemlich reizlos. Leseratten werden deshalb auch häufiger Mädchen. 67 Prozent der Sechs- bis Dreizehnjährigen verschlingen laut der Stiftung Lesen gern Bücher, aber nur für 46 Prozent der Jungen ist Lektüre mangels richtiger Themen attraktiv. Und das bleibt natürlich nicht ohne Auswirkungen!

Denkbar wäre aber auch, so Privatdozentin Dr. Waltraud Cornelißen, dass Leitwerte, wie etwa »Coolness« oder »Toughness«, die Jungen heute in Medien oder Peergroups vermittelt werden, ein **DISZIPLINIERTES MITARBEITEN UNTERGRABEN**. »Coole Leute pauken doch nicht oder geben sich Mühe, ihre Hefte hübsch zu gestalten ...!« Auch Technikbeherrschung wird als Leitwert groß geschrieben, so dass sich Jungen kaum bemühen, ein breites Basiswissen zu erlangen. »Wozu denn Rechtschreibregeln oder Englischvokabeln lernen? Der Computer hat doch das passende Programm dafür ...!«

EINFLÜSSE IM SCHULALLTAG

Fest steht jedenfalls, dass Jungen in den Fächern Deutsch und Sachkunde bei der Zensierung leicht benachteiligt werden, wie die Internationale Grundschul-Lese-Untersuchung (Iglu) gezeigt hat. Bei gleicher Leistung erhielten sie dennoch schlechtere Noten als die Mädchen. Da mussten sogar die Bildungsforscher einräumen, dass offensichtlich Wohlverhalten und Angepasstheit **MIT ZENSIERT WURDEN**! Klar, das Verzieren von Heften mit Schmuckleisten, das sorgfältige Ausmalen von Arbeitsbögen, stilles Lesen oder eine ordentliche Mappenführung liegen den meisten Jungen gar nicht. Das ist eher Mädchen-Domäne – und leider das, wofür Lehrerinnen Lob und Extrasternchen verteilen!

Da können die meisten kleinen Kerle kaum mithalten. Dreimal häufiger wird bei Jungen eine ADHS-Diagnose (Aufmerksamkeitsdefizit-Hyperaktivitäts-Störung) gestellt als bei Mädchen. Oft stellt sich dabei jedoch die Frage: **TATSÄCHLICH STÖRUNG ODER BUBEN-TEMPERAMENT**, das sich schlecht mit dem weiblich geprägten Schulalltag verträgt? Denn zumindest bis zum Ende der Grundschulzeit dominieren Lehrerinnen. Ihnen sind Jungen oft fremd. Ihre Körperlichkeit, ihre Gefühlswelt, ihre Wünsche und Bedürfnisse geben ihnen Rätsel auf.

Auch der frontale, stark sprachorientierte Unterricht ist für Jungen nicht optimal. Sie könnten besser lernen, wenn sie mehr tun, anfassen, ausprobieren und erst dann darüber reden könnten. Gruppenarbeiten und aktive Lernwerkstätten sind eher ihr Revier. Doch solche Unterrichtsformen stecken leider vielerorts noch in den Anfängen.

» Es gibt noch immer einen **heimlichen Lehrplan** in der Schule, der den **Geschlechtern unterschiedliche** Positionen in der Schule – und darüber hinaus – in der **Gesellschaft** zuweist. «

[Dr. Waltraud Cornelißen | *Deutsches Jugendinstitut München*]

Die Entwicklung bei Jungen

In dieser Tabelle sehen Sie auf einen Blick, wie sich Jungen zwischen den ersten Lebensmonaten und ihrem zehnten Lebensjahr normalerweise entwickeln. Sie sehen, wo sie sich in ihrer Entwicklung von Mädchen unterscheiden und was auch die Eltern durch ihr Verhalten dazu beitragen. Die Zeitangaben sind natürlich nur ungefähre Richtwerte – das heißt die Entwicklung kann *ab* dem jeweils angegebenen Alter auftreten oder zum ersten Mal festgestellt werden. Und nicht zu vergessen: Ausnahmen bestätigen wie immer und überall die Regel.

0 1 2 3 4 5 6 7 8 9 10 Lebensalter

Biologisch-genetische Entwicklungen	Höhere Erkrankungsrisiken als Mädchen
	ADHS und Autismus treten häufiger auf als bei Mädchen
	Redeflussstörungen treten häufiger auf als bei Mädchen
	Testosteron-/Wachstumsschübe (teilweise sprunghaft)
	Legasthenie tritt häufiger auf als bei Mädchen
Motorische Fähigkeiten	Tritt Bälle mit dem Fuß, allgemein mehr Bewegungsdrang als Mädchen
	Baut und zerstört wieder, um Ursachen und Wirkungen zu ergründen
	Äußert sich verbal lauter, spontaner als Mädchen
	Vermehrt Lust an technischen Details
Kognitive Fähigkeiten	Sprachliche Fähigkeiten stärker abhängig von elterlicher Zuwendung als bei Mädchen
	Selbsterkennen im Spiegel (»Ich«) gelegentlich früher als Mädchen
	Überforderung bei mehreren gleichzeitigen Appellen
	Will Zusammenhänge verstehen: »Erfindergeist«
	Hört mehr auf Vater als auf Mutter
	Zielgerichtete, kraftfokussierte Aktionen

0 1 2 3 4 5 6 7 8 9 10 Lebensalter

	0 1 2 3 4 5 6 7 8 9 10 Lebensalter
Sexuelle Entwicklungen	erste lustvolle Körpererkundungen Bewusstwerdung des eigenen Geschlechts (Spielen mit Penis) erste Abgrenzungen von »Weiblichkeit« Vater-Mutter-Kind-, Heirats- und Doktorspiele in Geschlechterrollen erste Selbstbefriedigung
Soziales Verhalten	Trotzphase stärker ausgeprägt als bei Mädchen Interesse an anderen Erwachsenen teilweise deutlicher als bei Mädchen entfernt sich weiter von Mutter/Vater als Mädchen Umgangsregeln werden wichtiger, Wettkampflust, Gerechtigkeitssinn erste Männlichkeitsdemonstrationen (Spielzeug, Verhalten) will (fordernd) mehr vom Vater wissen »Mädchen sind doof« (necken, ignorieren) gleichgeschlechtliche Freunde (Verein)
Emotionale Entwicklungen	Braucht vertraute Umgebungen und Beziehungen mehr als Mädchen Trennungsangst (mit Rückzug oder Aggression) stärker als bei Mädchen Liebes-/Heiratserklärungen an das andere Geschlecht Erste Liebelei mit Mädchen Imitierte Coolness
Häufiges Verhalten von Erwachsenen	Erste geschlechtsbezogene Zuschreibungen: Jungen sind »robust« und »kräftig«, statt »süß« und »niedlich« Jungen erhalten weniger zärtliche Zuwendung als Mädchen Vermehrt Angebot von geschlechtsbezogenem Spielzeug (Autos statt Puppen) Mehr körperliches Strafen als bei Mädchen (»abhärten«), Stolz auf »kleinen Draufgänger« Verstärkte Erziehung im Hinblick darauf, was einen »richtigen« Jungen ausmacht
	0 1 2 3 4 5 6 7 8 9 10 Lebensalter

Herausforderungen
und Chancen

30 Jahre Frauen- und Emanzipationsbewegung haben sich für unsere Töchter, zum Beispiel im Hinblick auf ihre Bildung, bereits gelohnt. Doch leider schießen einige wohlgemeinte Bemühungen inzwischen übers Ziel hinaus. Statt eine umfassende Gleichberechtigung der Geschlechter anzustreben, wird der Spieß zum Teil einfach umgedreht: Schon wird davon gesprochen, dass die **ZUKUNFT »WEIBLICH«** sei, Frauen das kommende starke Geschlecht wären. So werden unsere Söhne – was umgekehrt so lange bemängelt wurde – zum »zweiten Geschlecht« degradiert und nicht selten im Alltag von forschen, selbstbewussten Mädchen ins Abseits gedrängt.

Einzigartigkeit entdecken

Jungen geraten in den letzten Jahren zunehmend in die **BUHMANN-ROLLE**, während Mädchen meist eher durch die rosarote Brille betrachtet werden. Das ist nicht fair und wir sollten es aus Erfahrung vermeiden! Selbst wohlmeinendes Sie-können-es-eben-nicht-besser-Augenzwinkern nützt ihnen nichts. Wer Jungen zum armen, schwachen, notleidenden Geschlecht abstempelt, tut ihnen absolut keinen Gefallen – ebenso wenig damit, ihnen alles durchgehen zu lassen. Das ist für unsere Söhne ebenso fatal wie der Versuch, sie alle über einen Kamm zu scheren.

1 JEDER JUNGE IST ANDERS.

»Den typischen Jungen gibt es nicht. Zwischen Jungen gibt es – genau wie zwischen Mädchen – große individuelle Unterschiede«, meint Entwicklungspsychologe Dr. Heinz Kindler vom Deutschen Jugendinstitut München. Jeder entwickelt sich anders, in seinem ganz ureigenen, genetisch vorgegebenen Tempo. Und jeder hat individuelle Fähigkeiten, Bedürfnisse und Eigenarten, Schwächen und Stärken, Vorlieben und Abneigungen. Die Bandbreite ist – schon unter Brüdern – enorm.

2 JEDER JUNGE IST EINZIGARTIG. Ein ganz individueller Mensch, den es nur dieses eine Mal auf der Welt gibt. Originell und wunderbar. Denn in jedem kleinen Kerl steckt ein toller Typ. Wir müssen ihm nur mehr Chancen geben, sich zu zeigen – jenseits aller Klischeevorstellungen und geschlechtsspezifischer Vorurteile. Vielleicht kommen dann ganz wunderbare starke Seiten

2

HAND AUFS HERZ

Typisch Junge – oder was?

Notieren Sie – jeder für sich – einige Stichworte zu den folgenden Fragen, und tauschen Sie sich später darüber aus. Vielleicht können Sie dabei einige Klischees aufspüren und sie revidieren?

- Was ist für Sie ein »typischer« Junge?
- Was ist für Sie ein »untypischer« Junge?
- Welche Eigenschaften und Verhaltensweisen mögen Sie besonders an Jungen und welche speziell an Ihrem Sohn?
- Welche Eigenschaften und Verhaltensweisen mögen Sie an Jungen und an Ihrem Sohn gar nicht?
- Welche Eigenschaften und Verhaltensweisen würden Sie bei Ihrem Sohn nicht tolerieren?
- Welche Eigenschaften und Verhaltensweisen würden Sie gern bei ihm fördern?

zum Vorschein, die bisher völlig unbeachtet verschüttet waren und kaum oder gar nicht gefördert wurden. Vielleicht entwickeln sich gerade daraus die Fähigkeiten und Eigenschaften, die die ganz besondere Persönlichkeit eines Jungen ausmachen. CHANCEN, DIE SONST VERPASST WORDEN WÄREN!

Die eigene Sichtweise ändern

ALSO SCHLUSS MIT DEM SCHUBLADEN- UND DEFIZIT-DENKEN! Lassen Sie sich als Eltern nicht länger verunsichern und zusammen mit Ihrem Sohn in die Defensive treiben. Befreien Sie Ihren Sohn aus seiner – wie der amerikanische Psychologe Dr. William F. Pollack es nennt – »geschlechtsspezifischen Zwangsjacke«.

Ein erster Schritt dazu: Ändern Sie einfach mal Ihren BLICKWINKEL. Seien Sie gespannt darauf, was Sie mit einer neuen Sichtweise entdecken werden – und welche Konsequenzen das für Sie und Ihre Familie haben wird.

Aus einer anderen Perspektive betrachtet werden sogar aus VERMEINTLICH NEGATIVEN EIGENSCHAFTEN UND SCHWÄCHEN OFT STÄRKEN UND AUSSICHTSREICHE CHARAKTERZÜGE.

»Jungen können **großartig** sein. Der **Schlüssel** dazu ist, ihnen **Verständnis** entgegenzubringen.«

[Steve Biddulph | *australischer Familientherapeut*]

NEUER BLICKWINKEL

Jedes Ding hat zwei Seiten. Wer immer nur die schlechte Seite sieht, ist schnell frustriert. Dabei ist es meist ganz leicht, den eigenen Blickwinkel zu verändern. Unsere Beispiele zeigen es. Können Sie speziell für Ihren Sohn noch etwas ergänzen?

Jungen sind ...	also ...	aber auch ...
Draufgänger und Gefahrensucher	unvernünftig	risikobereit
Gruppen- und Cliquenwesen	hierarchieorientiert	teamfähig
Raufbolde	frech und aggressiv	konkurrenzfähig
Schatzsucher	waghalsig	kreativ
Kaputtmacher und Auseinanderbauer	zerstörerisch	neugierig
Zappelphilippe und Störenfriede	unsozial und rücksichtslos	lebendig und lebhaft
Tobemonster	nervig	kraftvoll
Nachwuchsrambos	gewaltbereit	durchsetzungsfähig

Dann entsteht vor Ihrem inneren Auge wahrscheinlich **EIN GANZ ANDERES BILD** von Jungen im Allgemeinen und von Ihrem Sohn im Besonderen.

Vielleicht ist so der Alltag mit Ihrem Sohn für Sie gleich weniger ärgerlich, weniger anstrengend, weniger stressig? Freuen Sie sich darauf. Lassen Sie sich darauf ein, Ihren Sohn **AUF SEINEM WEG ZU BEGLEITEN**, seine Stärken zu fördern und seine Schwächen auszugleichen. Das ist viel mehr, als einen Jungen »nur« erziehen zu wollen. Ihn zu begleiten ist eine ungemein spannende Erfahrung, die auch Ihnen selbst ganz neue Perspektiven eröffnet. Nehmen Sie diese Herausforderung an. Sie wird Ihr Leben – und das Ihres Sohnes – um vieles bereichern.

3 Beziehungen – Kraftakte – Vorbilder

→ Jungen haben es heute oft nicht leicht. Schenken Sie Ihrem Sohn deshalb ruhig eine Extraportion Zuwendung und Förderung. Wir haben zu diesem Zweck für Sie eine »Entwicklungs-Hilfe für kleine Kerle« zusammengestellt. Lesen Sie hier zunächst, welche fünf Bausteine dazu gehören und warum diese so wichtig für Ihren Jungen sind. Im nächsten Kapitel finden Sie dann die praktischen Tipps dazu.

Was Jungen brauchen: Ein 5-Punkte-Programm

»Kinder brauchen Grenzen« – schreibt der bekannte Familienberater und Autor Dr. Jan-Uwe Rogge. Richtig, werden viele sagen – und Jungen erst recht! Damit sie nicht zu sehr über die Stränge schlagen. Grenzen und eine starke Hand, das ist es, was Jungen brauchen …

Klar, **GRENZEN SIND EIN WICHTIGER BESTANDTEIL DER ERZIEHUNG**. Sie geben Halt und Orientierung, Sicherheit und Struktur im Alltag. Und sie bieten Reibungspunkte mit den Eltern, die für Kinder auf ihrem Weg ins Erwachsenenleben notwendig sind, um ihre Selbständigkeit zu entwickeln. Doch ist das wirklich schon alles?

Sicher nicht! Vielleicht brauchen Jungen je nach Situation ab und zu andere Grenzen, mehr als ihre Schwestern oder Altersgenossinnen aber auf keinen Fall. Wer jedoch die Grenzziehung – auch die liebevolle – bei seinem Sohn überbetont, konzentriert sich automatisch wieder nur auf seine Defizite. Denn meist steckt dahinter der Wunsch, Schäden zu begrenzen und Probleme zu ignorieren.

Zur Förderung von Stärken ist bei dieser Grenzpolitik wenig Raum. So bleibt bei sehr engen Grenzlinien viel Wertvolles außen vor. Vieles liegt brach, das sich zu kultivieren lohnen würde. Ihrem Sohn und seiner ganz speziellen Persönlichkeit werden Sie damit kaum gerecht.

Jungen brauchen mehr als Grenzen, um zu ausgeglichenen und selbstbewussten jungen Männern heranwachsen zu können. Sie brauchen ein spezielles Kleine-Kerle-Coaching. **BEGLEITEN, FÖRDERN, STÄRKEN IST DIE RICHTIGE MISCHUNG.** Denn um sich tatsächlich voll entfalten zu können, sollten Jungen kein enges Erziehungs- sondern ein weit reichendes Begleit- und Förderprogramm erhalten. Eine »**KLEINE-KERLE-ENTWICKLUNGS-HILFE**«, **BESTEHEND AUS FÜNF BAUSTEINEN**, die Söhne auf einen guten Weg bringen. Sinnvolle Grenzen sind darin nur ein kleiner Punkt, wie Sie auf den nächsten Seiten sehen werden. Nur wenn Jungen die Begleitung und Förderung bekommen, die sie brauchen, können sie sich optimal entwickeln.

Das brauchen Jungen für ihre Entwicklung

1. **Begleitung, um sich selbst wichtig zu fühlen**
2. **Beziehungen, um Sicherheit auf dem sozialen Parkett zu gewinnen**
3. **Kraftakte, um die eigene Stärke zu spüren**
4. **Herausforderungen, um sich ausprobieren zu können**
5. **Männliche Vorbilder, um Orientierung zu finden**

1. Baustein: Begleitung

Der erste Baustein der »Kleine-Kerle-Entwicklungs-Hilfe« heißt Begleitung. Für Ihren Sohn da sein und ihm den Rücken stärken ist die Devise. Nicht fordern und strafen, sondern zulassen, einlassen, mitfühlen und unterstützen. Also: Mut machen und zur Seite stehen, weniger Wünsche und mehr Neugier zeigen. Auch wichtig: ein freundlicher Umgang miteinander im Alltag. Das schafft auf Dauer eine INTENSIVE UND TRAGFÄHIGE BEZIEHUNG zwischen Ihnen beiden, die auch mal Streit und Krisen übersteht.

Begleiten bedeutet jedoch mehr, als mittags beim Essen die Hausaufgaben abzufragen. Begleiten bedeutet COACHING, das Vermitteln von vielfältigen Erfahrungen und Verhaltensweisen, die einem Jungen auf seinem weiteren Weg helfen. Dazu können Sie als Eltern viel beitragen. Finden muss er diesen Weg dann allerdings schon selbst. Und Sie als Coach werden eines Tages entbehrlich für ihn sein.

Doch bis es so weit ist, sollten Sie sich als »Begleiter« um folgende Dinge bemühen, um Ihren Sohn tatsächlich tatkräftig zu unterstützen.

Liebevolle Aufmerksamkeit

Sie ist die beste Basis dafür, dass Kinder sich gut entwickeln können. Leider bekommen viele Jungen sie von der ersten Stunde an immer noch weniger großzügig geschenkt als Mädchen. Töchter erhalten in

»Kinder sind Gäste,
die nach dem Weg fragen.
Es gilt, dem Gast den guten Ort
anzubieten und ihm so lange
den inneren Halt zu geben,
bis er seinen Weg selber kennt.«

[Dr. Jirina Prekop | *Kinderpsychologin und*
Dr. Christel Schweizer | *Kinderärztin*]

der Regel automatisch mehr Körperkontakt und Zuwendung, während Söhne sich die Aufmerksamkeit der Eltern oft erst »verdienen« müssen. Erst wenn sie diese lautstark einfordern (→ Seite 45) oder sich als »toller Kerl« präsentieren, finden sie die Beachtung, die auch sie so dringend brauchen.

Schade, dass so manche Selbstdarstellung daneben geht! Doch in ihrem Hunger nach Aufmerksamkeit nehmen Jungen häufig sogar Negativvarianten in Form von Ermahnungen und Zurechtweisungen in Kauf. Diesen **KAMPF UM ZUWENDUNG** sollten Sie sich und Ihrem Sohn ersparen (→ Seite 89)!

Luxus pur: Zeit

Zeit ist Mangelware in unserer schnelllebigen Gesellschaft. Da kaufen wir unseren Söhnen lieber den vierten Fußball, als zusammen auf den Sportplatz zum Kicken zu gehen. Dabei wünscht sich der Nachwuchs nichts sehnlicher, als Zeit gemeinsam mit Mama und Papa zu verbringen. Jedes dritte Kind möchte laut Umfragen sogar **MEHR FREIZEIT MIT DEN ELTERN** im Alltag haben.

Nehmen Sie bewusst sooft wie möglich die Gelegenheit wahr, Ihren Sohn auf diesem kleinen Stück seines Lebenswegs zu begleiten (→ Seite 91). Keine Angst, Sie verpassen nichts! Und die Augenblicke, die Sie Ihrem Jungen schenken, bekommen Sie garantiert hundertfach zurück.

» Die Arbeit läuft nicht davon, während du deinem Kind einen Regenbogen zeigst, aber der Regenbogen wartet nicht, bis du mit der Arbeit fertig bist. «

[Chinesische Weisheit]

Struktur im Alltag

Sie gibt Sicherheit und Orientierung, Halt und Geborgenheit. Etwas, das gerade kleine Chaoten gut gebrauchen können. Spontanen Aktionismus entwickeln sie selbst schon genug. Und ihre Umwelt ist heute meist auch nicht gerade ein Hort der Beständigkeit. Permanent wechselt und verändert sich alles. Da ist es gut, zu Hause feste RHYTHMEN UND RITUALE zu haben. Das erleichtert vor allem Jungen ihren Alltag. Denn viel stärker als Mädchen lieben sie ab dem Kindergartenalter Strukturen und KLARE REGELN. Leider bekommen sie sie zu selten. Doch mit halbherzigen Vorschriften und wackeligen Grenzen kann Ihr Sohn nichts anfangen. Das verunsichert ihn nur unnötig. Und schon verhält er sich mal wieder völlig anders, als Sie es gern hätten.

Besser sind deshalb ein gut abgesteckter ORIENTIERUNGSRAHMEN und eindeutige, nicht verhandelbare Konsequenzen, wenn er diesen durchbricht (→ Seite 93). So lernt Ihr Sohn besser zu erkennen, woran er ist und was Sie von ihm wollen. Er braucht Eltern, die klipp und klar sagen, wo's langgehen soll (→ Seite 94), damit sie für ihn berechenbar sind. Mit der Zeit lernt er dann, selbst Verantwortung für seine Entscheidungen und Handlungen zu tragen. Nur das macht stark fürs Leben.

Lob und Anerkennung

Diese ganz besondere Form von Aufmerksamkeit lässt Ihren Sohn auf der Stelle wachsen. MIT EINEM LOB ERREICHEN SIE MEHR ALS MIT FÜNF STRAFPREDIGTEN. Leider werden Jungen oft zu wenig gelobt!

Statt also zu meckern, wenn etwas nicht optimal gelaufen ist, oder sich Ihrem Sohn zuzuwenden, wenn er Blödsinn macht, sollten Sie ihm lieber Ihre Aufmerksamkeit schenken, wenn er etwas tut, was Sie gut finden (→ Seite 95). Wenn Sie ihn zu wenig ermutigen und er zu oft das Gefühl hat, nicht »gut genug« zu sein, nagt das an seinem Selbstwertgefühl – aber das wird er Ihnen, da haben auch kleine Jungen ihren Stolz, nicht immer mitteilen. Nein, Ihr Sohn braucht vielmehr Ihre Bestätigung. Durch Ihr Lob verstärken Sie erwünschtes Verhalten. Vor allem merkt Ihr Sohn, dass Sie das, was er tut, registrieren und seine Bemühungen anerkennen. Das ist einfacher, als mit Schimpftiraden und Strafen sein schlechtes Verhalten bekämpfen zu wollen. Und angenehmer ist das Loben außerdem – für Sie ebenso wie für Ihren Sohn.

Verständnis und Empathie

Sie sind die Schlüssel zum Herzen Ihres Sohnes. Jungen brauchen ernsthafte Gesprächspartner, die ihnen zuhören und sich wirklich für ihre Probleme und Bedürfnisse interessieren.

Wenn Ihr Sohn Probleme hat, helfen ihm nur echtes Mitgefühl, verständnisvoller Trost und ermutigende Worte (→ Seite 96). Merkt er, dass er das bei Ihnen findet, fühlt er sich so angenommen, wie er ist.

Ihr Sohn braucht Eltern, die zu ihm halten, egal, was passiert. Er braucht das Gefühl, willkommen und akzeptiert zu sein, mit allen seinen Stärken und Schwächen. **SCHENKEN SIE IHM IHR VERTRAUEN UND IHRE LIEBE** (→ Seite 90). Zeigen Sie ihm jeden Tag aufs Neue: Du bist wichtig für mich! Das ist der beste Grundstock für Ihr gegenseitiges Verhältnis und für die weitere Entwicklung Ihres Sohnes.

»Mit einer **Kindheit** voll Liebe
kann man ein halbes **Leben** hindurch
für die kalte **Welt** haushalten.«

[Jean Paul | *deutscher Dichter (1763–1825)*]

AUF EINEN BLICK

Begleitung – das bewirkt sie

Jungen brauchen Begleitung, damit …

- sie sich angenommen fühlen.
- sie wissen, dass ihre Eltern ihnen vertrauen und sie bei ihnen immer Rückhalt haben – auch in schwierigen Situationen.
- sie spüren, ein wichtiger und wertvoller Mensch zu sein.
- ihr Selbstbewusstsein wächst.
- sie sich nicht durch Störungen und schlechtes Benehmen Aufmerksamkeit verschaffen müssen.

2. Baustein: Beziehungen

Der zweite wichtige Baustein in unserem »Kleine-Kerle-Entwicklungsprogramm« sind INTENSIVE PERSÖNLICHE BEZIEHUNGEN. »Echte« Beziehungen, die über das Praktisch-Pragmatische hinausgehen und tatsächlich einen engen zwischenmenschlichen Kontakt ermöglichen. Sie vermitteln Jungen kommunikative, emotionale und soziale Fähigkeiten, die sie wollen, aber auch brauchen. Denn gerade in diesem Bereich sind sie den Mädchen häufig hoffnungslos unterlegen – weshalb sie dann die Fäuste sprechen lassen oder sich stumm zurückziehen. Vor allem in Sachen EINFÜHLUNGSVERMÖGEN HAPERT ES BEI JUNGEN oft.

Im Wissenschaftsmagazin »Science« haben Forscher behauptet, Autismus sei eine extreme Form von Männlichkeit – was umgekehrt bedeuten würde: Ein Jungengehirn kann sich nur schwer in andere Menschen hineinversetzen und hat Probleme mit Empathie und Mitgefühl.

Sollte dies so stimmen, wäre es Grund genug, bei unseren Söhnen gezielt ihre Beziehungs- und Kommunikationsfähigkeit sowie IHRE SOZIALE KOMPETENZ ZU FÖRDERN. Dazu können Sie einiges beitragen, indem Sie Ihrem Sohn folgendes bieten:

Gemeinsame Erlebnisse

Zusammen mit anderen Menschen etwas tun – das ist für Jungen enorm wichtig. Ob mit gleichaltrigen Freunden, der Familie, anderen Erwachsenen oder Jungen und Mädchen unterschiedlicher Altersgruppen, bei solchem aktiven Miteinander blühen Söhne auf. Darin erfahren sie sich selbst. Und über das gemeinsam Erlebte kommen sie ins Gespräch miteinander oder mit anderen, denen sie von ihren Erlebnissen berichten können.

Während Mädchen in der Regel ein Spiel oder eine Aktivität vorab mit anderen absprechen und erst danach damit beginnen, ist es bei Jungen genau umgekehrt: Erst handeln, dann reden, ist meist ihre Devise. ERST DAS GEMEINSAME ERLEBEN LIEFERT IHNEN DEN STOFF FÜR GESPRÄCHE, hilft ihnen, mit anderen in Kontakt zu kommen und sich auszutauschen.

Schon deshalb sollten Sie als Eltern dafür sorgen, dass Ihr Sohn trotz immer schwieriger werdender Lebensumstände (→ ab Seite 33) nicht komplett zum Einzelgänger wird.

Gute Gespräche

SIE SIND DAS A UND O IM ZWISCHENMENSCHLICHEN MITEINANDER. Nur wer mit Worten eindeutig seine Interessen und Bedürfnisse ausdrücken kann, ist in der Lage, sich mit anderen zu verständigen. Und nur wer wirklich zuhört, was sein Gegenüber sagt, erfasst tatsächlich seine Botschaft und kann so unnötige Missverständnisse vermeiden. Doch zu einer gelungenen Kommunikation gehört mehr als ein ausreichender Wortschatz. Auch sensible Antennen für zarte ZWISCHENTÖNE UND MITSCHWINGENDE

EMOTIONEN sind wertvoll. Und Achtsamkeit für das, was vielleicht gar nicht gesagt wird. Etwas zusätzliches Training in diesen kommunikativen Feinheiten kann Jungen meist nicht schaden (→ Seite 103).

Nehmen Sie Ihren kleinen Kerl also als Gesprächspartner ernst. Er sollte bereits zu Hause bei Ihnen lernen, über alles, was ihm auf dem Herzen liegt, offen sprechen zu dürfen und zu können. Damit erwirbt er ein gutes Rüstzeug für (spätere) Beziehungen. Wer seine Interessen verbal erfolgreich vertreten kann, braucht dafür KEINEN KÖRPEREINSATZ. Und wenn er es gewohnt ist, dass auch andere zu Wort kommen, muss Ihr Sohn sich später bestimmt nicht sagen lassen: »Du hörst mir nie richtig zu!«

3

Kenntnisse in Körpersprache

Sie gehören zu einer guten Kommunikation dazu. Doch für Jungen sind GESTIK UND MIMIK häufig ein Buch mit sieben Siegeln. Dabei wäre es oft wichtig, nicht nur den Worten zu lauschen, sondern auch die mehr oder weniger unterschwelligen Botschaften der Körpersprache zu entschlüsseln.

Um das zu lernen, braucht Ihr Sohn Sie als Übersetzer – und als Vorbild und Spiegel (→ Seite 106). Nur so versteht er mit der Zeit, was ein bestimmter Augenaufschlag oder das Zupfen am Ohrläppchen bedeuten. Er erwirbt darüber hinaus auch sein eigenes Repertoire an Gesten und Mimik, um seine Worte nachhaltig zu unterstreichen.

Gefühlswissen entwickeln

Es hilft, eigene EMOTIONEN wahrzunehmen und auszudrücken und die Gefühle anderer Menschen zu erkennen. Nur wenn es Jungen gelingt, ihr eigenes Gefühlsleben zu durchschauen, sind sie irgendwann in der Lage, Einfühlungsvermögen und Mitgefühl für andere zu entwickeln. Leider werden gerade Jungen immer noch häufig mit ihren Gefühlen allein gelassen. Oft wird ihnen von ihrer Umwelt signalisiert, dass das, was sie gerade fühlen, »falsch« sei (»Führ' dich doch nicht so auf« oder »Wüte nicht so herum!« sind typische Aussprüche) oder dass es besser wäre, sie würden gar nicht emotional reagieren. So stehen sie ihren oft heftig hin- und herschwankenden Emotionen hilflos gegenüber, können sie nicht einordnen, geschweige denn Worte dafür finden (→ Seite 73).

Damit Ihr Sohn das alles lernen kann, braucht er dringend Ihre Hilfe. Übersetzungshilfen für das Grummeln im Bauch ebenso wie Unterstützung bei feinen Differenzierungen. Kleinen Kerlen sollte zu Hause ihr **RECHT AUF GEFÜHLE** nicht abgesprochen werden, und sie sollten schon früh lernen, ihr eigenes emotionales Chaos zu entwirren (→ Seite 107). So können Jungen später leichter Pluspunkte in **EMPATHIE UND EMOTIONALER INTELLIGENZ** sammeln. Etwas, das bisher meist den Mädchen vorbehalten blieb.

Kooperationsfähigkeit

Sie ist eine der wichtigsten sozialen Stärken im Alltag. Eine Fähigkeit, die schon in Kindergarten und Schule gut ankommt. Jungen sind zwar eher Gruppenwesen als Mädchen und schließen sich schneller zu gemeinsamen Aktivitäten zusammen (→ Seite 37) – dabei stecken aber oft nur kurzfristige handfeste Interessen dahinter. Echten Teamgeist müssen auch sie erst lernen. Doch das lohnt sich. Kleine Kerle, die schon früh das Motto »Zusammen sind wir besser« verinnerlichen, profitieren ihr Leben lang davon.

Beste Voraussetzung dafür, ein guter **TEAMPLAYER** zu werden, ist die Bereitschaft, ureigene Interessen auch mal zugunsten der Gruppe zurückzustellen. Das ist etwas, wobei Sie als Eltern Ihren Sohn ausgezeichnet unterstützen können. Schließlich ist das zu Hause ein guter Ort, um als »Team Familie« gegenseitige **HILFSBEREITSCHAFT**, **TOLERANZ** und **ZUSAMMENARBEIT** auf ein gemeinsames Ziel hin zu üben (→ ab Seite 111).

Beziehungen – das bewirken sie

Jungen brauchen Beziehungen, damit …

- sie ihren Wortschatz erweitern und ihre Belange besser zur Sprache bringen.
- sie Botschaften ihrer Mitmenschen in ihrer Gesamtheit erfassen und verstehen.
- sie eigene Gefühle ausdrücken können.
- sie sich in andere Menschen einfühlen und sie besser verstehen können.
- sie ihre soziale Kompetenz schulen.
- sie durch die Zusammenarbeit mit anderen auch ihre Interessen besser verfolgen.

3. Baustein: Kraftakte

Im eigenen Körper besser zu Hause zu sein – darum geht es im dritten Baustein unseres »Kleine-Kerle-Entwicklungsprogramms«. Jungen brauchen Kraftakte, um ihre Stärken und Schwächen und damit sich selbst wahrnehmen zu können. Dabei geht es jedoch weder um Bodybuilding noch um Hanteltraining, sondern um Aktivitäten, durch die Ihr Sohn seinen eigenen **KÖRPER BESSER SPÜREN** kann. Wichtig dabei: Jungen sollten die gesamte Bandbreite ihrer körperlichen Möglichkeiten kennen lernen – **VOM ECHTEN AUSPOWERN** unter Aufbieten aller ihrer Reserven **BIS HIN ZUM FEIN DOSIERTEN KRAFTEINSATZ.**

Auf diese Weise lernen sie ihren Körper und seine Stärken je nach Anforderung bewusst und gezielt zu nutzen. Gleichzeitig entdecken sie aber auch ihre Grenzen. Sie können sich besser ein Bild von sich selbst machen. Eine notwendige Erfahrung für ihre gesamte Entwicklung. Wer dagegen nur vor dem Fernseher oder Computer sitzt, bekommt kein Gefühl für seinen Körper und weiß unter Umständen gar nicht, was alles in ihm steckt (→ Seite 41). Damit Ihr Sohn seine eigene Stärke spüren kann, braucht er Folgendes von klein auf:

Bewegung

Sie fördert die Gehirnentwicklung und ist die beste Selbsterfahrung für Kinder. Leider können heute gerade Jungen ihren starken BEWEGUNGSDRANG kaum noch ausleben (→ Seite 34). Mangelt es an Bewegungsmöglichkeiten, können Verhaltensprobleme, aber auch Wahrnehmungsstörungen, Konzentrationsschwäche und Hyperaktivität die Folge sein. Alles Schwierigkeiten, die vor allem unseren Söhnen zu schaffen machen und mit denen Elternhaus und Schule dann zu kämpfen haben.

Geben Sie Ihrem Jungen täglich Gelegenheit zur Bewegung (→ Seite 117). Er braucht Platz, um sich bewegen zu können, ohne immer gleich wieder abbremsen zu müssen. So wird er ausgeglichener, zufriedener und fühlt sich in seinem Körper wohl.

Außerdem spürt er die EIGENE LEISTUNGSFÄHIGKEIT und lernt, in seiner Umwelt besser zurechtzukommen. Das macht ihn mit der Zeit unabhängig von Erwachsenen und fördert seine Selbständigkeit und sein Selbstbewusstsein.

Körpertraining

Es hilft, den eigenen Körper besser kennen zu lernen und seine Kräfte zu koordinieren. Wer alle MUSKELN »GUT IM GRIFF« hat, kann sie gut dosiert zum Einsatz bringen. Der eigene Körper wird zum geschätzten und geachteten Begleiter im Alltag, der je nach Anforderung die »Muskeln spielen lässt«. Doch daran hapert es heute bei Jungen sehr. Muskeln, die nicht trainiert werden, bleiben schlaff.

Dann sind nicht nur MOTORIK und KOORDINATIONSFÄHIGKEIT schlecht entwickelt und die körperliche Kraft fehlt, um etwas anzupacken – die Schlappheit wirkt sich auch auf die Einstellung und das

Wohlbefinden unserer Söhne aus. Geben Sie Ihrem Jungen deshalb zusätzlich zu Bewegung unbedingt Möglichkeiten, seinen Körper zu trainieren und fit zu halten (→ Seite 119). So lernt er, sich Ziele zu setzen, sich dafür anzustrengen, sich anzuspannen und – ganz wichtig – auch wieder zu entspannen. Und das Bewusstsein, den eigenen Körper kontrollieren und für gesteckte Ziele nutzen zu können, **VERLEIHT AUCH GEISTIGE STÄRKE**. Das lässt Ihren kleinen Kerl wachsen und stolz auf sich sein.

Ein **gesunder** Körper ist gern gepaart mit einer **heiteren** Seele.

[August von Kotzebue | *deutscher Dramatiker (1761–1819)*]

Wettkämpfe

Sie sind eine gute Gelegenheit zum Kräftemessen mit anderen, um die eigene Position immer wieder aufs Neue kennen zu lernen. Jungen haben Spaß daran, sich mit Geschlechtsgenossen zu vergleichen. Dabei wollen sie natürlich in erster Linie herausfinden, was der eigene Körper leisten kann, wer stärker und wer schwächer ist. Auch das lässt sie wieder ihre eigenen **GRENZEN UND FÄHIGKEITEN ERKENNEN UND EINSCHÄTZEN**. Aber es geht fast immer auch darum, sich seinen Platz in einer Gruppe zu erstreiten oder zu sichern. Ob Fußballmannschaft oder Schulklasse – für Jungen ist es wichtig, die **RANGORDNUNG** zu **KLÄREN**.

Wenn Ihr Sohn wettkampferprobt ist, hat er da allemal die besseren Karten. Ganz nebenbei lernt er durch sportliche Wettkämpfe auch das Einhalten von (Spiel-)Regeln, das gemeinsame Durchhalten, den Umgang mit Niederlagen und das Fairplay (→ Seite 122).

Entspannung

Sie ist der wichtige Gegenpol zu Action und Bewegung und sorgt für den nötigen Stressausgleich im hektischen Alltag. Doch gerade Jungen fällt es oft schwer, auch einmal zur Ruhe zu kommen. So powern sie oft weiter, obwohl sie längst erschöpft sind, werden immer unruhiger, überdrehter und unverträglicher. Unsere Söhne müssen deshalb dringend lernen dürfen, dass auch sie nicht ununterbrochen aktiv sein müssen, dass sie sich **AUSZEITEN** gönnen dürfen und dass sie noch immer Jungs sind, wenn sie sich mal ganz »jungenuntypisch« ruhig verhalten.

Geben Sie Ihrem Sohn Strategien zur Stressbewältigung an die Hand (→ Seite 124), aber sorgen Sie auch ganz einfach für **RUHEPHASEN** und Stille, ohne ständige Reizüberflutung durch Computer und Fernseher. Das könnte Ihrem Jungen zunächst einmal schwer fallen, wenn Sie als Eltern nicht ebensolche Bedürfnissse haben und ihm vorleben, wie man sich Auszeiten nimmt.

Je mehr Erfahrungen er jedoch damit sammelt, desto schneller wird er erkennen, wie gut ihm das tut. Endlich kann auch er mal loslassen, den Anforderungen seiner Umwelt den Rücken kehren und nach der Entspannung neue Kräfte mobilisieren. Das macht ihn ausgeglichener und gibt ihm mehr Power für seine nächsten Taten.

> Kinder und Uhren dürfen nicht ständig aufgezogen werden. Man muss sie auch gehen lassen.
>
> [Jean Paul | *deutscher Dichter (1763–1825)*]

AUF EINEN BLICK

Kraftakte – das bewirken sie

Jungen brauchen Kraftakte, damit …

- sie sich selbst und ihren Körper genauer kennen lernen und sich so besser auf ihn verlassen können.
- sie Motorik, Koordinationsfähigkeiten, Kraft, Körperbeherrschung und Verhalten schulen.
- sie sich immer öfter wohl und in ihrem Körper zu Hause fühlen.
- ihr Selbstbewusstsein wächst.
- sie Stress optimal abbauen und so neue Kräfte sammeln können.

4. Baustein: Herausforderungen

Die »Herausforderungen«, der vierte Baustein unseres »Kleine-Kerle-Entwicklungsprogramms«, knüpfen direkt an die »Kraftakte« an. Natürlich sind körperliche Anstrengungen und Wettkämpfe reizvoll für unsere Söhne. Doch hier geht es um Herausforderungen, die über den reinen Körpereinsatz hinausgehen. **HERAUSFORDERUNGEN IM UMGANG MIT SICH SELBST UND ANDEREN**, im sozialen Bereich, in Beziehungen. Herausforderungen, die Verhaltensweisen erfordern, in denen die meisten Jungen nicht besonders klasse sind. Gerade hier im Bereich der **SOZIALEN KOMPETENZ** haben sie häufig Defizite. Doch auch damit müssen kleine Kerle umzugehen lernen.

Eine Extraportion an Förderung in allen Spielarten des Sozialverhaltens kann deshalb nicht schaden. Und auch Möglichkeiten, um sich ausprobieren zu können, sollten nicht fehlen. Dabei müssen wir Erwachsenen nicht nur als »Alphatier« Vorbildfunktion übernehmen, sondern unsere Söhne auch in die Geheimnisse und folgenden Feinheiten des zwischenmenschlichen Miteinanders einweihen:

Konkurrieren können, aber im besten Sinne!

Das ist eine wichtige Voraussetzung dafür, seinen Platz im Leben zu finden. Dabei geht es nicht darum, eine Ellenbogenmentalität einzuüben. Die wird Jungen ohnehin schon oft genug vorgeworfen! Viel wichtiger ist es, dass IHR SOHN REGELN FÜRS RANGELN AUF DEM SOZIALEN PARKETT ERLERNT. Und mit der Zeit eine gewisse Stärke und Selbstsicherheit entwickelt, die ihn in brenzligen Konkurrenzsituationen auch über Niederlagen und Frust hinwegtragen. Jungen brauchen ihre eigene »Größe«, um sich vor vermeintlich Stärkeren nicht gleich zu ducken und um auch mal VERLIEREN ZU KÖNNEN, ohne gleich völlig auszurasten. Sie brauchen aber ebenso »Größe«, um Schwächere fair zu behandeln. Auch etwas Ausdauer und Hartnäckigkeit können oft nicht schaden – beim Wettstreit um den höchsten Turm im Kindergarten ebenso wie bei den mündlichen Beiträgen im Schulunterricht.

Aggressionen kanalisieren

Dorthin, wo sie niemandem schaden. Das ist ein wichtiger Schritt, um mit anderen besser auszukommen und sich selbst von seinen eigenen Emotionen nicht völlig aus der Bahn werfen zu lassen. Jungen haben oft Probleme damit, ÄRGER, WUT UND FRUST so abzureagieren, dass ihre Mitmenschen davon nicht beeinträchtigt werden. Sie werden schnell aggressiv oder toben hemmungslos herum. Damit strapazieren sie nicht nur die Nerven von Eltern, Erzieherinnen und Freunden, oft bekommen auch Geschwister schmerzhafte Tritte ab, oder das neue Fahrrad fliegt so unsanft auf die Erde, dass es Beulen davonträgt.

Doch auch VERBORGENE TRAURIG- UND ÄNGSTLICHKEIT können sich lautstark artikulieren, wenn sie von uns Eltern nicht rechtzeitig wahr- oder angenommen werden. Sie sind also oftmals nur ein Hilferuf, damit sich endlich jemand wirklich kümmert!

Statt Ihren Sohn zurechtzuweisen, sollten Sie deshalb immer erst einmal genau hinsehen, was sich hinter seinen Aggressionen verbirgt. Jungen brauchen dringend VENTILE FÜR HEFTIGE GEFÜHLE – gleichgültig welche Ursache diese haben. Wir sollten ihnen helfen, solche Ventile für sich persönlich zu entdecken (→ Seite 135). Und sie brauchen unsere Hilfestellung, um sich im Cool-Bleiben zu üben. Nur so können sie mit der Zeit etwas SELBSTBEHERRSCHUNG und einen besseren Umgang mit negativen Gefühlen lernen.

> Aggressives Verhalten kann eine Reaktion auf die Unfähigkeit der Erwachsenen sein, mit ängstlichen, traurigen Jungen umzugehen.
>
> [Dirk Bange | *Psychologe*]

3

Konflikte lösen

Das ist eine der größten Herausforderungen, aber auch eine der wichtigsten Fähigkeiten im alltäglichen Miteinander. Denn Streit gibt's überall und immer wieder. Viel zu oft aber lassen Jungen bei Streitigkeiten die Fäuste sprechen oder gehen einem Konflikt aus dem Weg, statt sich um eine Lösung zu bemühen. Und häufig wird ihnen sogar vorgeworfen, den Zoff angezettelt zu haben. Wer aus der ewigen Buhmann-Rolle heraus will, muss deshalb unbedingt konfliktfähig werden. Dazu gehört zum einen eine »KULTUR DES DAMPFABLASSENS«, ohne dass andere darunter leiden müssen. Aber auch fair streiten will gelernt sein – am besten schon in der Familie (→ Seite 136).

Abgrenzung

Sie ist notwendig, um die eigene Rolle zu finden und eine individuelle Persönlichkeit zu entwickeln. Dabei geht es nicht nur darum, dass Jungen sich phasenweise von allem, was weiblich ist, distanzieren, um ihr anderes Geschlecht zu entdecken und zu betonen. Wichtig ist auch, dass sie lernen **NEIN** zu **SAGEN** und dieses Nein akzeptiert wird – gerade von den Eltern. Nur so haben sie eine bessere Chance, sich zu schützen, wenn ihnen jemand zu nahe tritt oder wenn Forderungen an sie gestellt werden, die sie nicht erfüllen möchten oder können. Nur wer eigene **GRENZEN** zieht und diese verteidigt, wird zu einem selbstbewussten Individuum und kann auch die Grenzen von anderen respektieren.

Ihr Sohn muss die Chance haben, sich selbst zu finden und eine **EIGENSTÄNDIGE PERSON** zu werden – jenseits aller Rollenklischees und Gruppenzwänge. Darin sollten Sie als Eltern ihn unterstützen (→ Seite 139), selbst wenn das, was dabei herauskommt, nicht ganz mit Ihren Vorstellungen und Wünschen für seine Zukunft übereinstimmt.

» Ein Kind ist kein Gefäß,
das gefüllt,
sondern ein Feuer,
das entzündet werden will. «

[François Rabelais | *französischer Dichter (um 1494–1553)*]

Wie sieht es mit Ihren Stärken aus?

Um Ihren Sohn so gut wie möglich zu fördern und zu begleiten, sollten Sie Ihre eigenen Stärken kennen – damit Sie von Ihrem Jungen nichts Übermenschliches erwarten und ihm die Orientierung bieten, die er braucht. Finden Sie und Ihr Partner jeder für sich Ihre individuellen Stärken heraus, und vergleichen Sie diese dann miteinander. Wo ergänzen Sie sich gut, weil Sie unterschiedlich sind? Wo verdoppeln Sie Ihre Stärken, weil Sie sich ähnlich sind? Wo könnten Sie noch mehr an einem Strang ziehen?

Meine positiven Eigenschaften	TRIFFT ZU	TRIFFT TEILS ZU	TRIFFT NICHT ZU
Bin aufmerksam	○	○	○
Bin einfühlsam	○	○	○
Bin gut organisiert	○	○	○
Bin kommunikativ	○	○	○
Bin konsequent	○	○	○
Bin konfliktfähig	○	○	○
Bin kontaktfreudig	○	○	○
Bin neugierig, offen	○	○	○
Bin sportlich	○	○	○
Bin verständnisvoll	○	○	○
Habe gute Menschenkenntnis	○	○	○
Habe Spaß am Kräftemessen	○	○	○
Habe Spaß an Spielen	○	○	○
Kann meine Aggressionen zügeln	○	○	○
Kann mich abgrenzen	○	○	○
Kann mich gut entspannen	○	○	○
Kann Traurigkeit zulassen	○	○	○
Kann um Hilfe bitten	○	○	○

AUF EINEN BLICK

Herausforderungen – das bewirken sie

Jungen brauchen Herausforderungen, damit …

- → sie sich in Konkurrenzsituationen auch ohne Ellenbogen behaupten.
- → sie lernen mit Niederlagen umzugehen, Wut und Ärger abzureagieren und cool zu bleiben.
- → sie Konflikte fair und weniger aggressiv lösen können.
- → sie selbstsicher und stark werden.
- → sie sich zu einer eigenständigen Persönlichkeit entwickeln.

5. Baustein: Männliche Vorbilder

Der fünfte und letzte Baustein in unserem »Kleine-Kerle-Entwicklungsprogramm« sind die männlichen Vorbilder. Die brauchen Jungen, um sich an ihnen orientieren zu können. Unsere Söhne müssen LEBENDE MODELLE GLEICHEN GESCHLECHTS vor sich haben, denen sie auf der Suche nach ihrer eigenen Männlichkeit nacheifern können. Leider treten Männer im Jungenalltag viel zu selten in Erscheinung. Was bleibt, sind Superstars und Serienhelden aus dem Fernsehen und der Spielkonsole. Doch sie können reale Vorbilder nicht ersetzen. Und auch eine noch so einfühlsame Mutter kann ihrem Sohn nicht das geben, was er von seinem Vater oder anderen Geschlechtsgenossen bekommen könnte. Mädchen haben es da einfacher: Sie haben ständig Menschen ihres eigenen Geschlechts um sich, können an deren Verhalten lernen oder sich später bewusst davon distanzieren. Bei Jungen klafft hier oft eine Lücke. Die gilt es dringend zu füllen.

Was Jungen brauchen, um »echte« Vorbilder zum Anfassen zu bekommen, lesen Sie auf den folgenden Seiten.

Vaterzeiten

Sie sind für die Entwicklung von Kindern von großer Bedeutung – besonders natürlich für Jungen. Der wichtigste Pluspunkt dabei: VÄTER SIND EINFACH ANDERS ALS MÜTTER, und das ist gut so. Studien aus der Väterforschung haben gezeigt, dass Papas mit den Kindern auch anders umgehen als Mamas – schon vom ersten Lebenstag an. Dieses Anderssein kommt vor allem ihren Söhnen zugute, besonders in den für ihre Entwicklung sensiblen Jahren.

Das machen Papas anders:

1. Sie spielen mehr mit dem Nachwuchs. Sogar beim Füttern und Wickeln kreieren sie Spiele und Wettkämpfe.
2. Sie legen größeren Wert auf Freizeitaktivitäten mit viel Bewegung.
3. Sie unterscheiden früher zwischen Töchtern und Söhnen. So gehen sie mit Jungen wilder um und fordern von ihnen strenger Disziplin ein.
4. Sie trauen ihrem Nachwuchs mehr zu und gewähren ihm auch schon viel früher mehr Unabhängigkeit.

So kann schon ein ein- bis zweijähriger Junge, der erste Schritte in Richtung Selbständigkeit macht und beginnt, sich aus der engen Beziehung zu Mama zu lösen, bei einem einfühlsamen Vater eine STABILE ALTERNATIV-BEZIEHUNG FINDEN UND DAVON PROFITIEREN.

Im Alter zwischen drei und sechs Jahren ist Papa dann die große männliche Identifikationsfigur überhaupt für Sohnemann. Diese Zeit ist besonders prägend für die Entwicklung der sexuellen Identität eines Jungen.

»Manche **Jungen** entwickeln alle **problematischen** Verhaltensweisen, um Papis **Interesse** zu wecken.«

[Steve Biddulph | *australischer Familientherapeut*]

In den Jahren bis zur Pubertät sind Väter begehrte **FREIZEITPARTNER** und **LEHRMEISTER** in Sachen »Männerfertigkeiten« und »Männerrolle«. Und Jugendliche schließlich orientieren sich daran, dass Papa trotz seiner außerhäuslichen Aktivitäten mit der Familie verbunden ist, und ziehen ihn bei schulischen und beruflichen Fragen zu Rate.

Väter können Jungen – vorausgesetzt, sie nehmen sich die Zeit dafür – als Gegenspieler zur weiblichen Übermacht in ihrem Alltagsleben also viel geben. Laut ersten Ergebnissen aus der Väterforschung könnten sich sogar einige für Jungen typische Entwicklungen (→ Übersicht Seite 50/51) langfristig verändern, wenn Väter sich zunehmend mehr in die Erziehung einbringen.

Doch dazu brauchen unsere Söhne vor allem **ZEIT ALLEIN MIT IHREM VATER**: um sich gegenseitig besser kennen zu lernen, miteinander zu reden, zu toben, zu spielen und tausend Dinge gemeinsam zu unternehmen. **VATERZEITEN SIND DAS GRÖSSTE UND WICHTIGSTE GESCHENK**, das Sie Ihrem Sohn machen können – auch und gerade, wenn Sie vielleicht nicht mit ihm zusammenleben. Väter, die eher durch Abwesenheit glänzen, stellen sich selbst ins Abseits. Warten Sie also nicht zu lange damit. Solche Zeiten lassen sich nicht nachholen.

» Kinder, die mit einem aktiven Vater aufwachsen, sind im Verlauf ihres Lebens glücklicher als die, die ihn nur aus der Ferne kennen. «

[Robert Richter und Eberhard Schäfer | *Autoren*]

HAND AUFS HERZ

Vorbilder in Kindheit und Jugend

Väter, die wenig Zeit mit ihrem Sohn verbringen, zwingen ihn regelrecht, sich nach anderen männlichen Vorbildern umzusehen, die vielleicht nicht den Vorstellungen der Eltern entsprechen. Überlegen Sie:

- Wer waren Ihre Vorbilder, als Sie so alt waren, wie Ihr Sohn jetzt?
- Wie sahen Ihre Vorbilder aus?
- Was haben sie gemacht?
- Wie haben sie sich Ihnen gegenüber verhalten?
- Was ist Ihnen bis heute in Erinnerung geblieben?
- Würden Sie sich wünschen, dass Ihr Sohn ebensolche Vorbilder hat?
- Kennen Sie die Vorbilder Ihres Sohnes überhaupt?
- Wie sehr unterscheiden sich Ihre Vorbilder und die Ihres Sohnes und warum?

Männerkontakte

Sie demonstrieren Jungen wichtige Variationen der Geschlechterrolle. Ein Vater ist zwar wunderbar und nicht zu ersetzen, MEHRERE ANDERE MÄNNER ZUSÄTZLICH im Umfeld Ihres Sohnes können ihm jedoch zeigen, wie das geht mit dem »Mann-Sein«.

Leider tauchen diese außerhalb der Familie standardmäßig erst ab der höheren Schule im Jungenalltag auf. Mädchen haben es da mit Frauen eindeutig besser (→ Seite 76). Um dieses Manko bei unseren Söhnen auszugleichen, kann deshalb etwas Eigeninitiative von Elternseite nicht schaden. Jungen brauchen ein BREITES SPEKTRUM AN MÄNNLICHEN BEZUGSPERSONEN mit unterschiedlichen Charakteren, Fähigkeiten und Stärken. Ein Kaleidoskop an Männlichkeit, aus dem sie das für sich herauslesen und annehmen können, was ihnen gefällt und nützt. Besonders allein erziehende Mütter sollten ihrem Sohn solche Kontakte ermöglichen, vor allem dann, wenn kein

Kontakt zum leiblichen Vater besteht. So können sie eher einem »UNGESTILLTEN VATERHUNGER« ENTGEGENWIRKEN.

Papas sollten aber auch nicht eifersüchtig werden, wenn ihr Sohn den Fußballtrainer anhimmelt. Freuen Sie sich stattdessen mit Ihrem Sprössling. Ein solches männliches Vorbild bereichert sein Leben ungemein, und er wird sich sicher als Erwachsener noch gern an seine Zeiten auf dem Sportplatz erinnern.

Jungenfreundschaften

Sie sind das EXPERIMENTIERFELD, auf dem unsere Söhne sich in männlichen Rollen ausprobieren können. Mädchen brauchen beste Freundinnen, Jungen brauchen Cliquen, Kumpels, Mannschaften, mädchenfreie Gruppen, in denen sie unter sich sein können, ohne ständige Überwachung durch Erwachsene und ohne die Notwendigkeit, sich dem anderen Geschlecht gegenüber profilieren oder sich von ihm abgrenzen zu müssen. Dann können sie endlich mal FREI VON ZWÄNGEN so sein, wie sie möchten, und sich im Umgang mit Geschlechtsgenossen üben (→ Seite 36/37).

Hier haben sie eine Bühne für Rollenspiele und Rangeleien um Rangordnungen. Hier können sie in alle Varianten der männlichen Rolle schlüpfen und so irgendwann entdecken, was am besten zu ihnen persönlich passt. Eine Möglichkeit, die Sie Ihrem Sohn unbedingt eröffnen sollten. Dass er sich in einer Handballmannschaft, einer Pfadfindergruppe, beim Theaterkurs oder in einem Computerclub nebenbei auch noch andere Fähigkeiten und Fertigkeiten aneignet, ist ein toller Zusatzeffekt.

Männerfreuden

Sie stärken die eigene geschlechtliche Identität und fördern das Selbstbewusstsein Ihres Sohnes. Männer genießen es unter sich zu sein, egal in welcher Altersgruppe. Ob Kanutouren oder Kegelabende –

Aktivitäten exklusiv für Männer ohne weibliche Beteiligung unterliegen ihren **EIGENEN RITUALEN**. Dadurch dienen sie nicht nur den Auszeiten von den weiblichen Welten, sie können für Jungen zu wichtigen »**EINWEIHUNGSZEREMONIEN**« werden. Durch solche Aktionen fühlen sie sich in den Kreis der Männer aufgenommen. »Wer von Männern in ihre Gang eingeladen wird, ist selbst ein Mann. Wer ihre Anerkennung verliert, verliert seine männliche Identität. Deshalb sind Männer für andere Männer so wichtig«, schrieb Professor Dietrich Schwanitz in seinem Buch »Männer«. Für unsere Söhne sind diese kollektiven Erlebnisse mit andersaltrigen Geschlechtsgenossen wichtige Erfahrungen auf ihrem Weg ins Erwachsenenleben. Und wenn Väter mit Söhnen gemeinsam solche »Männerfreuden« genießen, schweißt das beide auf Dauer zusammen. Das gibt ihrer Beziehung eine ganz neue Tiefe.

AUF EINEN BLICK

Männliche Vorbilder – das bewirken sie

Jungen brauchen männliche Vorbilder, damit ...

- sie von der Andersartigkeit männlicher Bezugspersonen profitieren.
- sie real unterschiedliche Varianten der männlichen Lebensweisen erleben.
- sie sich von allem Weiblichen besser abgrenzen und so ihre eigene sexuelle Identität entwickeln können.
- sie unter Geschlechtsgenossen männliches Verhalten ausprobieren können.
- sie durch gemeinsame Erlebnisse eine enge und tiefe Beziehung zum Vater, zu Freunden und zu anderen Männern entwickeln.

Die 10 wichtigsten Erziehungstipps für Eltern

Um Ihren Sohn zu fördern, zu begleiten und zu unterstützen, können Sie als Eltern einiges tun. Die richtige Mischung – was für Ihre Beziehung zueinander hilfreich ist – müssen Sie dabei selbst herausfinden. Wenn Sie außerdem neugierig sind und bleiben, wie Ihr Sohn die Welt und ihre Spielregeln allmählich entdeckt, haben Sie eine gute Ausgangsbasis.

1. Geben Sie keine schnellen Antworten, wenn Ihr Sohn etwas wissen will. Versuchen Sie, ihm bei der Formulierung einer Frage zu helfen und bieten Sie ihm Ihre und nicht allgemeine Antworten an.
2. Achten Sie darauf, wenn Ihr Sohn traurig oder ängstlich ist. Nehmen Sie sich Zeit und gehen Sie auf ihn ein.
3. Betrachten Sie lautes, ungestümes Verhalten Ihres Sohnes nicht nur als unangenehme Auffälligkeit, sondern auch als Ausdruck von Lebendigkeit.
4. Ermuntern Sie Ihren Sohn zur Äußerung von Gefühlen – sie beseelen Beziehungen und verhindern Einsamkeit. Bewerten Sie Gefühle aber nie. Fragen Sie nicht »warum«, sondern nach einem Ereignis, das damit verbunden ist.
5. Üben Sie das »Vertrauen haben« und teilen Sie Ihrem Sohn immer mit, wenn Sie ihm vertrauen.
6. Seien Sie öfter hörbar stolz auf Ihren Sohn – nicht nur bei außergewöhnlichen Leistungen, sondern gerade auch bei kleinen Ereignissen, die Sie glücklich machen.
7. Bestärken Sie Ihren Sohn darin, gemeinsam mit anderen Lösungen für Probleme zu finden – und wenn die Lösung darin besteht, nach Hilfe zu fragen.
8. Halten Sie Schamgrenzen im Kinder- und Badezimmer ein!
9. Halten Sie Ihren Sohn aus Auseinandersetzungen mit dem Partner heraus.
10. Unterlassen Sie Witze auf Kosten Ihres Sohnes, und machen Sie sich nicht über Ungeschicklichkeiten lustig.

Speziell für Väter:

- Nehmen Sie sich Zeit für Ihren Sohn. Unternehmen Sie sooft wie möglich etwas mit ihm. Es muss nichts Spektakuläres, Teures sein: Wichtig für ihn ist Ihre ungeteilte Aufmerksamkeit, während Sie zusammen sind.
- Zeigen Sie Ihrem Sohn Grenzen auf. Nehmen Sie seinen Widerstand, wenn er sie in Frage stellt, als sportliche Herausforderung: Um den Sinn von Grenzen zu verstehen, müssen Jungen sie spüren lernen.
- Teilen Sie ihm Ihre eigenen Grenzen mit (»Das kann ich nicht«, »ich fühle mich heute nicht gut«): Ihr Sohn braucht auch diese Erfahrung.
- Achten Sie auf die körperliche und seelische altersgemäße (!) Entwicklung Ihres Sohnes: Überfordern Sie ihn nicht bei Dingen, für die er noch zu klein ist.
- Lassen Sie einen liebevollen Körperkontakt zu Ihrem Sohn zu. Auch dann, wenn er älter wird: Dieser wird ihn mehr als vieles andere stärken und selbstsicher machen.
- Zeigen Sie Ihrem Sohn, wie man sich Hilfe von anderen holt, wenn man einmal nicht mehr weiter weiß.
- Suchen Sie das Gespräch und den Erfahrungsaustausch mit anderen Vätern von Söhnen.

Speziell für Mütter:

- Treten Sie Ihrem Sohn nicht nur als Mutter, sondern auch als selbstbewusste Frau mit eigenen Lebensvorstellungen gegenüber.
- Trauen Sie dem Vater Ihres Sohnes etwas zu. Auch wenn er vieles anders macht – er kann ihn genauso gut versorgen und erziehen wie Sie. Gönnen Sie beiden Zeit miteinander.
- Kuscheln Sie viel mit Ihrem Sohn. Damit verwöhnen Sie ihn nicht. Aber akzeptieren Sie, wenn er in der Öffentlichkeit keine Zärtlichkeiten möchte.
- Akzeptieren Sie, dass Ihr Sohn sich gelegentlich von Ihnen distanziert. Nehmen Sie das nicht persönlich!
- Halten Sie Ihre Angst im Zaum. Trauen Sie Ihrem Sohn etwas zu, und lassen Sie ihn los, statt zu klammern. Er muss seine eigenen Wege gehen und seine eigenen Erfahrungen machen.
- Leben Sie ihm fürsorgliches und soziales Verhalten im Alltag vor. Das stärkt seine Sensibilität.

4 Begleiten – fördern – stärken

→ Nun wissen Sie, was ein Junge braucht, um zu einem glücklichen jungen Mann heranzuwachsen. Und was nötig ist, damit er seinen persönlichen Weg im Leben findet. Sie als Eltern können viel dazu beitragen, indem Sie Ihren kleinen Kerl entsprechend coachen. Auf den nächsten Seiten bekommen Sie für Ihren Familienalltag zahlreiche Anregungen und praktische Tipps.

Wie Jungen selbstbewusst und glücklich werden

Dabei können Sie als Eltern Ihrem Sohn am meisten helfen – zusammen, aber auch jeder von Ihnen einzeln. Auf den folgenden Seiten geht es jedoch keinesfalls darum, nach Plan ein umfangreiches Förderprogramm »abzuarbeiten«. Wir möchten Ihnen vielmehr zeigen, wie Sie Ihren Sohn durch einfache Rituale, Spiele, den täglichen Umgang miteinander und eine Extraportion Unterstützung **AM BESTEN FÖRDERN**. So können Sie ihm genau das zusätzlich geben, was ihm bisher noch fehlt.

Das ist jedoch bei jedem Jungen etwas anderes. Jeder hat seine individuellen Stärken und Schwächen, seine persönlichen Charaktermerkmale und Eigenarten. Schauen Sie also genau hin. Der **KLEINE CHECK-UP** auf der folgenden Doppelseite soll Ihnen dabei helfen. Sie finden damit leicht heraus, in welchen Bereichen Ihrem Sohn etwas von unserem Kleine-Kerle-Coaching gut tun könnte. Suchen Sie sich aus den praktischen Tipps bei den einzelnen Bereichen das heraus, was am besten zu Ihnen und Ihrem Sohn passt. So bekommt er von Ihnen genau das, was er braucht und ihm gut tut.

» Erziehen ist vor allem Sache des Herzens. «

[Don Bosco | *italienischer Priester und Sozialpädagoge*]

Entdecken Sie die Stärken Ihres Sohnes

Machen Sie sich gemeinsam mit Ihrem Partner Gedanken: Worin ist Ihr Sohn schon ganz gut? Und wovon dürfte es ein bisschen mehr sein? Kreuzen Sie an, wer von Ihnen welcher Meinung ist.
Ihre Antworten sagen nicht nur etwas über Ihren Sohn, sondern auch über Sie als Eltern aus. Denken Sie daran: Es geht um fördern, begleiten, ausgleichen und unterstützen – nicht um eine Leistungsschau.
Sie sehen auf einen Blick, welche der im letzten Kapitel vorgestellten Bausteine der Kleine-Kerle-Entwicklugs-Hilfe Ihren Sohn dabei unterstützen, zum Beispiel aufmerksamer oder durchsetzungsfähiger zu werden. Die praktischen Tipps finden Sie auf den jeweils angegebenen Seiten. Verabreden Sie, wenn Sie den Fragebogen durchgegangen sind, wer von Ihnen Ihren Sohn in Zukunft in welchem Bereich fördert und begleitet.

			Diese Bausteine fördern:				
Eigenschaften	Darin ist er gut	Davon bitte mehr	Begleitung (S. 88f.)	Beziehungen (S. 101f.)	Kraftakte (S. 116f.)	Herausforderungen (S. 129f.)	männliche Vorbilder (S. 144f.)
aufmerksam			●	●	●	●	●
ausgeglichen			●	●	●	●	●
distanzfähig				●			●
durchsetzungsfähig				●	●	●	
freundlich				●			●
gewissenhaft			●	●	●	●	
hilfsbereit				●	●		
intuitiv			●	●		●	●

			Diese Bausteine fördern:				
Eigenschaften	Darin ist er gut	Davon bitte mehr	Beglei-tung (S. 88f.)	Bezie-hungen (S. 101f.)	Kraft-akte (S. 116f.)	Heraus-forde-rungen (S. 129f.)	männ-liche Vorbilder (S. 144f.)
kämpferisch					●	●	
kommunikativ			●	●	●	●	●
konfliktfähig				●	●	●	
konkurrenzfähig				●	●	●	
konsequent			●	●	●	●	
kontaktfreudig				●			
konzentriert			●				
körperbewusst			●		●		
kreativ				●		●	
mitfühlend				●		●	●
naturverbunden			●			●	
neugierig				●	●	●	●
rücksichtsvoll				●	●		●
selbstbewusst			●	●	●	●	
sportlich					●	●	
stresserprobt			●	●	●	●	●
strukturiert			●		●		
umsichtig				●	●		
verständnisvoll				●		●	●
zärtlich				●			●
zielstrebig					●	●	
zuverlässig				●			●

Begleitung: Mit ganzem Herzen und offenem Ohr

Jungen benötigen – wie Sie in den letzten Kapiteln erfahren haben – oft mehr BETREUUNG UND FÜRSORGE, als sie im Alltag bekommen. Sie brauchen unsere Begleitung – von morgens bis abends, ihre gesamten Kinderjahre hindurch und auch noch darüber hinaus. Doch leider hapert es vielfach daran.

Dabei wäre es meist gar nicht so schwierig, unseren Söhnen ein zusätzliches Quäntchen Aufmerksamkeit und Zeit zu schenken, sie zu loben oder ihnen etwas mehr Verständnis entgegenzubringen. Wir Eltern müssen uns dies nur immer wieder bewusst machen. Seien Sie also öfter ganz Ohr, wenn Ihr Sohn etwas von Ihnen will. Und lassen Sie auch mal wieder Ihr Herz sprechen. Dann fällt es Ihnen garantiert nicht schwer, zum LIEBEVOLLEN BEGLEITER Ihres Sohnes zu werden. Meist sind es die ganz einfachen Dinge des (Alltags-)Lebens, die ihm gut tun.

» Willst Du im laufenden Jahr
ein Ergebnis sehen, so säe Samenkörner.
Willst Du in zehn Jahren
ein Ergebnis sehen, so setze Bäume.
Willst Du das ganze Leben lang
ein Ergebnis sehen,
so entwickele die Menschen. «

[Dschuang Dsi | *taoistischer Philosoph (365 v. Chr.–290 v. Chr.)*]

Schenken Sie Ihrem Sohn Ihre volle Aufmerksamkeit

- Seien Sie nicht nur physisch anwesend, sondern wirklich präsent, ganz und gar für ihn da. Es ist besser, sich immer wieder zehn Minuten völlig Ihrem Nachwuchs zuzuwenden, als den ganzen Nachmittag mit den Gedanken woanders zu sein und nur ab und zu ein abwesendes »Aha« oder »gut gemacht« zu murmeln.
- Interessieren Sie sich für Ihren Sohn und seine Welt. Nehmen Sie an allem Anteil, was ihn beschäftigt. Nehmen Sie sein Verhalten, seine Eigenarten wahr – egal, ob er in seinem Zimmer spielt oder mit anderen zusammen ist. Lernen Sie ihn möglichst gut kennen.
- Bemühen Sie sich zu Hause um eine »Kultur des aktiven Zuhörens«. **HÖREN SIE GENAU ZU**, wenn Ihr Sohn Ihnen etwas erzählt – nicht nur mit dem halben Ohr. Geben Sie es in Ihren eigenen Worten wieder, um sicher zu sein, dass Sie ihn verstanden haben. Lauschen Sie aber auch auf Zwischentöne und vor allem auf das, was er nicht sagt. Nur so können Sie gezielt nachfragen und ihn ermutigen, auch über Dinge zu sprechen, die ihm unangenehm sind.
- Bleiben Sie stets in Kontakt mit Ihrem Sohn. Bemühen Sie sich von seinem ersten Lebenstag an um eine gute Beziehung zu ihm. Schaffen Sie in den Kinderjahren dafür eine tragfähige Basis. Und lassen Sie das Gespräch mit ihm, auch wenn er älter wird, nie ganz abreißen. Machen Sie wieder Schritte auf ihn zu, bevor Sie eine Entfremdung riskieren.
- Behandeln Sie Ihren Sohn stets mit **RESPEKT UND ACHTUNG**. Machen Sie sich nie über ihn lustig, reden Sie – auch anderen gegenüber – nie schlecht von ihm, und verkneifen Sie sich spöttische Bemerkungen, die seine Gefühle verletzen.
- Fragen Sie Ihren Sohn nach seiner Meinung. Schon Kindergartenkinder können sich zum Beispiel dazu äußern, was an einem Ausflug gut oder schlecht war, ob ihr Zimmer blau oder grün gestrichen werden

soll oder ob sie einen Menschen mögen oder nicht. Kindern ist es wichtig, dass Eltern das, was sie sagen, ernst nehmen.

→ Sagen Sie Ihrem Sohn regelmäßig, dass Sie ihn **LIEB HABEN**. Lassen Sie ihn auch immer wieder spüren, dass dies keine leere Floskel ist: Streichen Sie ihm übers Haar, nehmen Sie ihn an die Hand oder in den Arm – aber respektieren Sie, wenn er diese hautnahen Liebesbeweise manchmal oder irgendwann gar nicht mehr mag. Und erwarten Sie keinesfalls von ihm tägliche Liebesbeteuerungen Ihnen gegenüber.

TIPPS FÜR PAPAS

Bitte etwas Engagement

→ Bringen Sie Ihren Sohn sooft wie möglich zum Kindergarten oder holen Sie ihn ab. Engagieren Sie sich dort und in der Grundschule bei Sommerfesten oder Klassenausflügen. Väter sind in diesen Mütter-Domänen immer noch etwas Besonderes. Ihr Sohn wird stolz darauf sein, dass er Ihnen so wichtig ist.

→ Gönnen Sie sich Pausen. Sie haben ein Recht darauf. Wenn Sie spät von der Arbeit kommen und müde sind, sagen Sie das Ihrem Sohn. Es nützt ihm nichts, wenn Sie sich ihm nur halbherzig zuwenden oder entnervt Ihre Ruhe haben wollen. Ruhen Sie sich etwas aus. Danach bekommt er Ihre volle Aufmerksamkeit. Oder Sie kümmern sich am nächsten Wochenende intensiv um ihn.

→ Suchen Sie sich ein gemeinsames Hobby mit Ihrem Sohn. Vielleicht haben Sie beide Spaß am Modellbau oder Interesse am Sammeln von Briefmarken oder Edelsteinen. Vielleicht können Sie Ihren Sohn für Ihren Lieblingssport begeistern. In jedem Fall verbringen Sie so spannende Zeiten mit ihm und profitieren gleichzeitig auch noch selbst davon (→ Seite 145).

Widmen Sie Ihrem Sohn Zeit

- Wenn Sie mal wieder glauben, gar keine Zeit zum Spielen, Toben oder Reden zu haben, halten Sie kurz inne. Überlegen Sie: Muss die Wohnung wirklich perfekt geputzt sein, das Auto ausgerechnet heute gewaschen, genau an diesem Samstag der Sperrmüll weggefahren werden? Und wenn ja, kann sich bei der einen oder anderen Aufgabe wenigstens Ihr Kind beteiligen (→ Seite 94)? Natürlich brennen Ihnen viele Aufgaben unter den Nägeln, soll auch die eigene Erholung nicht zu kurz kommen, gilt es noch die Partnerschaft und Freundschaften zu pflegen ... Dennoch, die Zeitspanne, die Ihr Sohn bei Ihnen ist, ist begrenzt und kurz. Nutzen Sie die gemeinsame Zeit!
- Versuchen Sie, aus Ihrem eigenen Terminkalender rigoros alles zu streichen, was im Augenblick nicht wirklich wichtig ist. So schaffen Sie **FREIRÄUME** für Aktivitäten – mit der ganzen Familie, aber auch jeder Partner für sich allein mit dem Jungen.
- Verplanen Sie nicht jede Minute am Wochenende, Feierabend oder in den Ferien. Reservieren Sie sich bewusst freie Zeiten, um auch spontane Ideen verfolgen zu können. Gönnen Sie sich vor allem aber **UNVERPLANTE ZEIT**, die Sie mit Ihrem Sohn zusammen vertrödeln und genießen können. Seien Sie gespannt darauf, was sich so entwickelt.
- Schenken Sie Ihrem Sohn jeden Tag etwas **ZEIT EXKLUSIV** nur für ihn allein. Verabreden Sie sich mit ihm. Tragen Sie diesen »Termin« notfalls in Ihren Kalender ein, damit Sie ihn wirklich einhalten. Das muss gar nicht lange sein. Zehn, 15 Minuten – etwa wenn die kleine

> »Je mehr **Zeit** Sie mit Ihrem Kind verbringen – desto besser **kennen** Sie es, und desto **intensiver** wird Ihre Beziehung sein.«
>
> [Robert Richter und Eberhard Schäfer | *Autoren*]

4

Schwester Mittagsschlaf macht oder die große im Musikunterricht ist – reichen schon. Vielleicht finden Sie auch erst abends vor dem Schlafengehen diese paar Minuten. Hauptsache, Sie sind dann wirklich ganz und gar für ihn da: für ein Gespräch unter vier Augen, ein kleines Spiel oder einfach nur zum Herumtoben oder Schmusen.

→ Haben Sie während der Woche kaum oder gar keine Gelegenheit für solche Exklusivzeiten, versuchen Sie ab und zu am Wochenende längere »Kleine-Kerle-Zeiten« einzuplanen.

→ Unterbrechen Sie eine Tätigkeit ruhig einmal, wenn Ihr Sohn Hilfe braucht oder etwas auf dem Herzen hat. Lassen Sie ihn nicht allein. Schenken Sie ihm einen **KURZEN MOMENT IHRE AUFMERKSAMKEIT** und fragen Sie ihn nach seinem Problem. Oft reicht das schon. Falls nicht, verabreden Sie sich mit ihm zur weiteren Klärung, wenn Sie mehr Luft haben (→ Seite 104).

TIPP

Sie müssen sich nicht zerteilen

→ Viel Zeit nehmen, Exklusivzeiten schenken – »das schaffe ich nie«, werden viele von Ihnen jetzt denken. Doch Sie brauchen ja nicht gleich jedes Wochenende ausschließlich für Ihren Sohn zu reservieren. Am Samstagnachmittag zwei Stunden zusammen ein Fußballspiel anschauen oder ihn beim Handballspiel anfeuern, das wäre schon gut. Auch einmal im Monat eine Mutter- beziehungsweise Vater-Sohn-Aktivität einzuplanen ist toll. So bleibt Ihnen trotzdem noch genug Zeit zum Ausspannen, für Unternehmungen mit der ganzen Familie – oder allein mit Ihrer Tochter. Machen Sie sich also keinen Stress. Es kommt nicht auf Quantität an. Hauptsache, Sie zeigen guten Willen!

Geben Sie Ihrem Sohn Halt im Alltag

- Sorgen Sie für einen wiederkehrenden, geregelten Tages- und Wochenablauf und für **FESTE RHYTHMEN** in Ihrem Alltag. Immer gleiche Schlafens-, Aufsteh-, Essens- und Sportzeiten geben Ihrem Sohn wichtige Orientierungshilfen.
- Nehmen Sie wenigstens eine Mahlzeit zusammen mit der ganzen Familie ein. Dann schmeckt nicht nur das Essen besser – es ist auch eine wunderbare Gelegenheit, um miteinander zu reden.
- Setzen Sie **KLARE GRENZEN**. Dann weiß Ihr Sohn genau, woran er ist. Sie helfen ihm, sich in schwierigen Situationen zurechtzufinden.
- Stellen Sie eindeutige und unmissverständliche **FAMILIENREGELN** auf, um diese Grenzen zu verteidigen. An die muss sich Ihr Sohn beziehungsweise jeder in der Familie halten – also auch Sie und Ihr Partner!
- Regeln Sie nicht zu viel und nicht alles bis in jedes Detail hinein. Dann kann Ihr Sohn es kaum schaffen, alle Ihre Regeln zu befolgen. Das stellt Ihre Konsequenz nur unnötig hart auf die Probe, und Ihr Sohn fühlt sich schnell als Versager. Wenn Sie das Wichtigste in Ihrem Alltag deutlich regeln, ist das völlig ausreichend.
- Suchen Sie nach sinnvollen Konsequenzen, wenn Ihr Sohn Regeln nicht einhält. Wenn er beispielsweise vor dem Dunkelwerden zu Hause sein soll und sich nicht daran hält, muss er nächstes Mal eine Stunde früher daheim sein als üblich. Das kann er besser nachvollziehen, als wenn er dafür Fernsehverbot erhält.
- Schrauben Sie die Erwartungen an Ihren Sohn nicht zu hoch. Wenn Sie Regeln aufstellen, die er von seinem Alter und Entwicklungsstand her noch gar nicht einhalten kann, tun Sie weder ihm noch sich selbst einen Gefallen damit. Überprüfen Sie stets kritisch, ob Sie ihn **NICHT ÜBERFORDERN**.

4

- Seien Sie so **ZUVERLÄSSIG** und berechenbar wie möglich. Setzen Sie Regeln und Grenzen nicht einfach in Kraft oder außer Kraft – für Ausnahmen muss es schon zwingende Gründe geben.
- Versuchen Sie, **KONSEQUENT** zu sein. Und halten Sie sich an Ihre Versprechen. Ist Ihnen das wirklich mal nicht möglich, sprechen Sie mit ihm darüber und suchen Sie gemeinsam nach einer Alternative.
- Machen Sie klare Ansagen, damit Ihr Sohn weiß, was Sie von ihm erwarten. Sagen Sie also nicht: »Dein Zimmer sieht furchtbar aus«, in der Hoffnung, dass er von allein darauf kommt, dass Sie ihn damit zum Aufräumen bewegen wollen. Sagen Sie stattdessen: »Ich möchte, dass du jetzt dein Zimmer aufräumst.«
- Schließen Sie mit Ihrem Sohn einen **VERTRAG** über die Einhaltung einer Regel oder um ein bestimmtes Ziel zu erreichen. Das können Sie sogar schon mit Vorschulkindern tun, die noch nicht lesen und schreiben können. Hauptsache, die Form stimmt! Ein Papier mit Unterschrift und vielleicht sogar Stempel gibt jedem Jungen das Gefühl, ein ernsthafter Partner zu sein. Wichtig bei einem Vertrag: Fixieren Sie genau die Folgen, die ein Verstoß gegen ihn hat, und was Ihr Sohn »gewinnt«, wenn er sich an die Abmachung hält.
- Schaffen Sie sich **FAMILIENRITUALE**. Das gemeinsame Abendessen, der Ausflug am Sonntag, den jeder abwechselnd aussuchen darf, ein traditioneller Geburtstagskuchen oder der Besuch bei Oma zu Weihnachten – das alles schenkt Ihrem Sohn eine stabile Lebenswelt.
- Erledigen Sie Arbeiten in Haushalt und Garten gemeinsam mit Ihrem Sohn. Selbst wenn Sie allein viel schneller und gründlicher wären, lohnt sich der kleine »Mehraufwand«. Gerade beim Staubwischen oder Salatputzen lässt es sich gut plaudern und Alltagserfahrungen sammeln. Dabei können auch kleine Kinder schon allein einzelne Aufgaben und Pflichten übernehmen. Trauen Sie Ihrem Sprössling etwas zu. Er wird stolz darauf sein – auch wenn er zuvor bockig war und nicht mitmachen wollte.

TIPP

So machen Sie Ihrem Sohn das Kochen schmackhaft

Im Alltag finden sich leider immer noch erstaunlich wenige Männer, die ein gesundes, gutes Essen für sich, geschweige denn für die ganze Familie auf den Tisch zaubern können. Zeit, dass sich hier etwas ändert.

→ Lassen Sie Ihren Sohn von klein auf mit Ihnen zusammen in der Küche arbeiten: Anfangs kann er für sich in Plastikschüsseln oder einem Topf rühren, während Sie kochen. Ab dem Kindergartenalter übertragen Sie ihm dann immer größere Aufgaben.

→ Backen Sie mit Ihrem Sohn Kekse. Teig kneten, ausrollen und ausstechen macht schon Drei- und Vierjährigen Spaß.

→ Rühren Sie zusammen einfache Kuchen. Erst können Sie die Zutaten vorbereiten und ihm in die Schüssel zum Verrühren geben. Ab Schuleintritt kann er selbst Mehl und Zucker abwiegen.

→ Lassen Sie Ihren Sohn Obst und Gemüse schneiden, Salatblätter waschen oder Käse reiben. Je älter er wird, desto anspruchsvoller dürfen die Aufgaben werden.

→ Bereiten Sie mit ihm zusammen seine Lieblingsgerichte zu. Anschließend räumen Sie gemeinsam die Küche auf, decken zusammen den Tisch und genießen das Essen mit der ganzen Familie.

Loben Sie Ihren Sohn

→ Sagen oder zeigen Sie Ihrem Sohn immer, wenn er etwas gut gemacht hat. Selbst Kleinigkeiten sollten Sie gebührend beachten. Dafür müssen Sie nicht in überschwängliche Lobhudeleien verfallen. Ein »Toll gemacht« oder Schulterklopfen sagen oft mehr als viele Worte.

- Erkennen Sie auch an, wenn Ihr Sohn sich Mühe gibt. Selbst wenn etwas noch nicht ganz so klappt, wie Sie es gern hätten, ist das Ihre Anerkennung wert. Das spornt ihn an.
- Sagen Sie Ihrem Sohn bei jeder sich bietenden Gelegenheit, was Sie an ihm schätzen und was Ihnen an ihm besonders gefällt. **BETONEN SIE SEINE STÄRKEN** – im Wesen ebenso wie im Handeln. Aber bleiben Sie ehrlich und realistisch dabei. Das macht Ihr Lob noch wertvoller. Und selbst wenn Ihr Sohn es Ihnen gegenüber nicht eingesteht, er ist garantiert unheimlich stolz darauf.
- Verteilen Sie **PLUSPUNKTE**, wenn Ihr Sohn eine bestimmte Aufgabe erledigt oder problematisches Verhalten abgelegt hat. Legen Sie vorab genau fest, wie viele »Sternchen« es wofür gibt (etwa drei für ein aufgeräumtes Zimmer), und sammeln Sie diese auf einer Punkte-Wochenkarte. Wichtig: Auch der »Tauschwert« muss von Anfang an feststehen. So darf er für 20 Punkte beispielsweise am Wochenende bestimmen, was für einen Ausflug die Familie macht. Für Ihren Sohn ist das garantiert ein toller Wettbewerb.
- Regen Sie Ihren Sohn dazu an, auch anderen gegenüber seine Wertschätzung auszudrücken. So kann er den kleinen Bruder loben, wenn der einen Turm gebaut hat, oder seiner Erzieherin im Kindergarten sagen, dass sie ein besonders schönes Lied gesungen hat.

Haben Sie Verständnis für Ihren Sohn

- Nehmen Sie Sorgen, Alltagsnote und Ängste Ihres Sohnes ernst. Ein schnelles »Das wird schon wieder« hilft ihm nicht. Fragen Sie nach, **ZEIGEN SIE IHM IHR MITGEFÜHL**. Aber echt muss es sein! Wenn Sie innerlich über das »lächerliche Problem« schmunzeln, nützt das kleinen Kerlen gar nichts.
- Versetzen Sie sich, wenn es ein Problem gibt, mal in die Lage Ihres

Sohnes. Betrachten Sie es aus seiner Perspektive und bemühen Sie sich, die WELT MIT SEINEN AUGEN ZU SEHEN. So haben Sie mehr Verständnis für ihn und finden ganz neue Lösungsmöglichkeiten.

- Sprechen Sie von klein auf mit Ihrem Sohn über seine, aber auch über Ihre GEFÜHLE (→ Seite 107). So kann mit der Zeit Ihr Verständnis füreinander wachsen.
- Bieten Sie Ihrem Sohn UNTERSTÜTZUNG und Hilfe an, wenn er Probleme hat. Sagen Sie ihm, dass er nicht allein damit klarkommen muss und Sie fast jederzeit für ihn da sind.
- Nehmen Sie auch die Freunde Ihres Sohnes an, so wie sie sind – selbst wenn es Ihnen manchmal nicht leicht fällt. Vertrauen Sie darauf, dass er sich auf Dauer kein schlechtes Benehmen von ihnen abschaut. Ihr elterliches Vorbild und Ihr Einfluss sind bestimmt stärker. Wenn Sie den Umgang verbieten, führt das meist nur dazu, dass er die Freunde idealisiert und versucht, sie heimlich zu sehen.
- Halten Sie Ihrem Sohn symbolisch immer eine Tür offen. Machen Sie ihm immer wieder klar, dass er bei Ihnen willkommen ist und dass seine Familie, sein zu Hause jederzeit ein SICHERER HAFEN ist, in den er zurückkehren kann.

» Man **erzieht** durch das,
was man **sagt**,
mehr noch durch das, was man **tut**,
am **meisten** aber durch das,
was man **ist**. «

[Ignatius von Antiochia | *syrischer Bischof (1. Jahrhundert n. Chr.)*]

Die schönsten Begleitungsspiele

Klopfzeichen

Sich gegenseitig den Körper abklopfen – das fördert das Vertrauen:

→ Ihr Sohn stellt sich dazu bequem hin, den Kopf leicht gebeugt und die Augen – wenn er mag – geschlossen. Sie stellen sich hinter ihn und beginnen, vom Nacken abwärts seinen Rücken, die Arme und Beine mit den Fingern leicht abzuklopfen. Sind Sie an den Füßen angekommen, streichen Sie alle Partien noch einmal mit der Handfläche aus. Danach folgt der nächste Durchgang. Dazu kann Ihr Sohn sagen, ob Sie noch sanfter oder etwas stärker klopfen sollen.

Wichtig: Sparen Sie eventuell den Po aus. Jungen empfinden das oft als zu nah und unangenehm. Ihr Sohn kann aber auch jederzeit sagen, wenn ihm etwas nicht gefällt oder ob er das Spiel abbrechen möchte. Akzeptieren Sie das einfach und zwingen Sie ihn zu nichts. Sprechen Sie mit ihm anschließend darüber, wie er Ihre Berührungen empfunden hat.

Nach mehreren Durchgängen wird gewechselt. Dann klopft Ihr Sohn Sie vorsichtig ab. Geht er zu heftig zur Sache, beschweren Sie sich! So lernt er gleichzeitig, seinen Krafteinsatz besser zu dosieren.

Zeitlupe

Auch diese Übung lässt Vertrauen weiter wachsen:

→ Ihr Sohn legt sich auf dem Rücken auf eine Decke am Boden. Nun knien Sie sich neben ihn und nehmen sein rechtes Fußgelenk in eine Hand, während Sie mit der anderen Hand seine rechte Kniekehle stützen. Heben Sie sein rechtes Bein leicht an und lassen Sie es langsam, im Zeitlupentempo, in der Luft kreisen. Dann legen Sie es sehr vorsichtig wieder ab. Danach ist das linke Bein dran. Anschließend fassen Sie den linken Ellbogen und das linke Handgelenk und lassen wiederum ganz langsam den linken Arm kreisen, danach den rechten Arm. Zum Schluss greifen Sie gleichzeitig erst beide Fuß-, dann beide Handgelenke, heben sie leicht an, ziehen sie langsam etwas zu sich heran und halten sie für 20 bis 30 Sekunden, bevor Sie sie ebenso vorsichtig zurücklegen.

Wichtig: Je langsamer Sie diese Übung durchführen, desto angenehmer ist es für Ihren Sohn. Fragen Sie ihn, was er gespürt hat.

Komm in meine Arme!

Diese Übung ist ein wahres Vertrauensbarometer!

→ Stellen Sie sich hinter Ihren Sohn. Der Abstand zwischen ihm und Ihnen sollte ungefähr seine halbe Körperlänge betragen. Wenn Sie beide das Gefühl haben, gut mit beiden Füßen auf dem Boden zu stehen, geben Sie sich gegenseitig ein Startsignal. Nun kann Ihr Sohn sich rückwärts in Ihre Arme fallen lassen, wenn er dazu bereit ist. Hat er Angst, können Sie es erst einmal vorwärts probieren. Noch aufregender wird es, wenn Ihr Sohn beim Rückwärtsfallen die Augen schließt.

Wichtig: Diese Übung können nur Partner machen, die gleich groß und kräftig sind. Sie können hierbei also nicht die Rollen tauschen!

Du bist toll!

Jeder hat seine starken Seiten – Ihr Sohn ebenso wie Sie selbst. Finden Sie diese in der Familie oder in einer größeren (Kinder-)Runde heraus:

→ Setzen Sie sich auf den Boden und drehen Sie eine Flasche. Derjenige, auf den der Hals zeigt, nennt eine seiner starken Seiten, etwas, was er so richtig gut kann. Nun ergänzt jeder in der Runde eine Fähigkeit oder Eigenschaft, die er an demjenigen schätzt. Anschließend wird die Flasche neu gedreht. Weitere Fragen: Was macht dir am meisten Spaß? Was willst du (noch) lernen?

Blindenführer

Mit diesem Spiel zeigen Sie Ihrem Sohn, dass Sie ihm blind vertrauen:

→ Lassen Sie sich von ihm mit verbundenen Augen durch die Wohnung führen. Ist er schon älter, kann er Sie auch mal »blind« durch einen Park geleiten. Ein spannendes Experiment für Sie beide und ein großer Spaß, denn die Leute werden Augen machen. Sprechen Sie darüber. Wenn Ihr Sohn mag, können Sie anschließend die Rollen tauschen.

Blinder Samurai

Machen Sie das folgende Spiel am besten mit der ganzen Familie und möglichst im Freien:

→ Zwei von Ihnen bekommen die Augen verbunden. Der Dritte führt die beiden »blinden Samurai« mindestens fünf Meter auseinander und dreht sie einige Male um sich selbst. Nun sollen sie versuchen, den anderen zu finden und mit der Hand zu berühren. Der Sehende passt dabei auf, dass keiner zu weit vom Weg abkommt oder unsanft irgendwo aneckt. Diese Übung schult Ihr Gehör, denn Sie müssen auf jedes Geräusch, das der andere macht, achten, um sich zu finden!

Tipp

Gefühle oder körperliche Empfindungen zu benennen ist gar nicht so einfach. Anfangs wird Ihr Sohn sicher nur mit einem sparsamen »Gut« oder »Weiß nicht« auf die Frage antworten, wie es ihm gefallen oder was er bei einem Spiel gespürt hat. Helfen Sie ihm, seinen Gefühlen auf die Spur zu kommen. Fragen Sie ihn, welches Bild er in dieser Situation von sich hat. Lassen Sie es sich beschreiben. Oder bieten Sie ihm zwei gegensätzliche Gefühlspaare zur Auswahl an: fröhlich – niedergeschlagen. Fragen Sie nach: Wie ist fröhlich? (→ Seite 107).

Beziehungen:
Übung macht den Meister

Gefühle sind selbst für uns Erwachsene nicht selten noch ein Buch mit sieben Siegeln. Kein Wunder, dass es häufig in den »Beziehungskisten« rappelt und auf zwischenmenschlicher Ebene einiges schief läuft. Vor allem das in Worte zu fassen, was einen bewegt, ist nicht jedermanns Sache. Emotionen auszudrücken will gelernt sein. Aber auch an **MITGEFÜHL UND EMPATHIE** hapert es häufig. Denn uns in einen anderen Menschen hineinzuversetzen, wirklich nachzuempfinden und zu verstehen, wie er sich fühlt, können wir ebenso wenig automatisch. Auch das müssen wir erst lernen, wie das Sprechen.

Dass wir überhaupt dazu in der Lage sind, dafür sorgen – wie die Neurobiologie inzwischen weiß – so genannte »**SPIEGELNEURONEN**« in unserem Gehirn. Eine Grundausstattung davon bekommt jeder von uns bei der Geburt mit. Doch nur wenn sie tatsächlich auch benutzt werden, bleibt ihre Funktion erhalten. Säuglinge und Kleinkinder müssen also bei ihren Eltern und anderen Erwachsenen empathische Anteilnahme und mitfühlendes Handeln beobachten und erleben, damit ihre Spiegelneuronen aktiviert werden. Geschieht dies oft genug, können wir mit Hilfe dieser Nervenzellen andere Menschen intuitiv verstehen.

Damit Ihr Sohn beziehungsfähig wird, braucht er Sie deshalb nicht nur als liebevollen Coach, sondern auch als »Studienobjekt«, als **VORBILD IM ALLTAG** und als »Trainingspartner« in den unterschiedlichsten Situationen. Denn gerade wenn es um soziale Kompetenzen geht, macht vor allem Übung den Meister. Nur so kann er allmählich seine eigenen Gefühle kennen und ausdrücken lernen und darüber hinaus Einfühlungsvermögen und Sensibilität für andere entwickeln.

Sorgen Sie für ein aktives Miteinander

- Unternehmen Sie regelmäßig etwas mit Ihrem Sohn. Das muss kein Ausflug in den teuren Freizeitpark sein. Im Gegenteil – Aktivitäten vor der Haustür in freier Natur (→ Seite 103), oft aber auch zu Hause, haben viel höheren Spaßwert. Außerdem kann Ihr Sohn dabei selbst aktiv werden. Das gibt Selbsterfahrung pur und neuen Gesprächsstoff.
- Sammeln Sie Ideen für gemeinsame Aktivitäten an einer Pinnwand. Teilen Sie sie in Rubriken ein: Schönwetter-, Schlechtwetter-, Ganztags-, Drei-Stunden-Aktivitäten. So können Sie immer schnell etwas Passendes heraussuchen.
- Nehmen Sie, wann immer es geht, einen **FREUND** Ihres Sohnes zu Ihren Ausflügen mit, damit die beiden etwas gemeinsam erleben. Oder laden Sie ihn nach Hause ein, wenn Sie eine Aktion planen.
- Freuen Sie sich, wenn Großeltern, Paten oder kinderlose Freunde etwas mit Ihrem Sohn unternehmen möchten – und er mit ihnen!
- Organisieren Sie mit Eltern aus Kindergarten oder Schule oder mit **BEFREUNDETEN FAMILIEN** gemeinsame Aktivitäten. Das kann sehr lustig und entspannend für alle Beteiligten sein und klappt manchmal besser als der klassische Familien-Sonntagsausflug.
- Suchen Sie Ihrem Sohn **AKTIVITÄTS-PATEN**. Interessiert er sich zum Beispiel brennend für Raumfahrt (was nicht gerade Ihr Spezialgebiet ist!), halten Sie im Verwandten- und Freundeskreis nach jemand Ausschau, der diese Leidenschaft teilt. Vielleicht gibt es auch einen Club oder Verein, dem sich Ihr Sohn anschließen könnte.
- Ermöglichen Sie Ihrem Sohn von klein auf den Kontakt zu anderen Kindern, Jungen und Mädchen, am besten unterschiedlichen Alters. **SPIELGEFÄHRTEN** in der Nachbarschaft oder aus dem Freundeskreis, Kinder- und Spielgruppen, später dann der Kindergarten erlauben ihm, erste Erfahrungen mit anderen zu sammeln.

Das macht Jungen Spaß

1 → Ein Tag im Wald

2 → Höhlen bauen (auch im Zimmer mit Decken, Kissen oder einem großen Pappkarton)

3 → Schnitzeljagd

4 → Fahrradtouren mit Picknick (kleine Jungen fahren auf dem Kindersitz mit)

5 → Schatzsuche (je nach Alter nach einem einfachen Plan oder mit dem Kompass)

6 → Fahrradrallyes mit Etappen-Fragen

7 → Beobachtungen von Tieren, Insekten und Pflanzen in der Natur

8 → Pilze sammeln mit einem Kenner

9 → Pizza backen und grillen

10 → Matsch- und Wasseraktionen an einem Teich, Bach oder am Strand

Reden Sie viel mit Ihrem Sohn

→ Erzählen Sie Ihrem Sohn vom ersten Augenblick an, was Sie tun, was Sie sehen, und benennen Sie Alltagsgegenstände. Immer noch beliebt ist ab dem Kindergartenalter das Spiel »Ich sehe was, was du nicht siehst«.

→ Sprechen Sie mit ihm von Anfang an ganz normal in kurzen Sätzen, statt in Babysprache. Erklären Sie ihm Dinge, die er wissen möchte, auch mit den üblichen Begriffen. Versteht er nicht, was das bedeutet, wird er sowieso nachfragen.

- Nutzen Sie jede Gelegenheit, um mit Ihrem Sohn über die unterschiedlichsten Themen zu reden: das Wetter, der Besuch bei Oma, Erlebnisse aus dem Kindergarten. **PHILOSOPHIEREN** Sie auch mal miteinander über Gott und die Welt, und staunen Sie dabei, was Ihrem Sprössling so alles durch den Kopf geht.
- **DISKUTIEREN** Sie mit Ihrem Sohn Themen, die ihn selbst angehen, etwa »Wollen wir in den Ferien ans Meer oder in die Berge fahren?« Vertreten Sie ruhig mal bewusst eine andere Meinung als Ihr Filius. So muss er sich anstrengen, Sie von seinem Standpunkt zu überzeugen.
- Bemühen Sie sich darum, im Umgang mit Ihrem Sohn **ICH-BOTSCHAFTEN** zu formulieren. Sagen Sie also »Ich ärgere mich, dass du dein Zimmer nicht aufgeräumt hast«, statt ihm ein »Du bist so was von schlampig!« an den Kopf zu werfen. Im ersten Fall versteht Ihr Sohn, worum es Ihnen geht und was Sie von ihm erwarten, im zweiten bekommt er nur die volle Schuldzuweisung. Wenn Sie bei sich bleiben (ich fühle, ich denke…), statt ihn anzuklagen (»du hast schon wieder…«), kann er am besten von Ihnen lernen, klar und unmissverständlich seine eigenen Bedürfnisse zu artikulieren. Ich-Botschaften sollten Sie regelmäßig für sich und dann mit Ihrem Sohn üben.
- **LESEN** Sie Ihrem Sohn von klein auf viel vor. Wählen Sie spezielle Jungenbücher aus, in denen die ganze Vielfalt des Jungen- und Männerlebens geschildert wird. Lassen Sie ihn das bisher Gelesene in seinen Worten zusammenfassen. Machen Sie beim Vorlesen gezielt Unterbrechungen: Wie geht die Geschichte wohl weiter? Lassen Sie Ihrem Sohn seine Fantasien.
- Schauen Sie Fernsehsendungen oder Filme zusammen an. Sprechen Sie anschließend mit ihm darüber.
- Richten Sie eine »**FRAGESTUNDE**« für Ihren Sohn ein, wenn er öfters von Kindergarten oder Schule mit einem Problem nach Hause

kommt, das sich nicht in zwei Sätzen beantworten lässt. Legen Sie für solche Fälle eine bestimmte Zeit in der Woche fest, zum Beispiel jeden Sonntag nach dem Frühstück, in der Sie versuchen, Ihrem Sprössling auf alles zu antworten, was er wissen wollte.

→ Erzählen Sie Ihrem Sohn GESCHICHTEN, die Sie selbst, seine Großeltern oder Freunde von Ihnen erlebt haben. Vielleicht haben Sie Fotos, mit denen Sie Ihre Anekdoten illustrieren können.

→ ERFINDEN Sie zusammen Abenteuergeschichten. Einer sagt den ersten Satz, der nächste schließt den zweiten an, und so geht es immer abwechselnd weiter, bis ein Happy End in Sicht oder die Handlung so festgefahren ist, dass es keinen Ausweg mehr gibt.

→ Sorgen Sie für Spielzeug, das zum Reden anregt. Ob Tischspiele, bei denen die ganze Familie zusammensitzt, Handpuppen für Theaterspiele oder Plastikmännchen im Feuerwehrauto oder Trecker – wichtig ist, dass Ihr Sohn animiert wird, das Wort zu ergreifen.

TIPP

Wichtige Gesprächsregeln

→ Wenn jemand spricht, lasse ich ihn ausreden. Ich unterbreche ihn nicht.

→ Wenn andere miteinander sprechen, rede ich nicht dazwischen.

→ Wenn ich etwas sagen möchte, mache ich mich bemerkbar und melde mich zu Wort. Dann warte ich, bis der andere fertig ist und ich an der Reihe bin.

→ Ich höre genau zu, wenn jemand etwas sagt. Verstehe ich dabei etwas nicht, frage ich sofort nach.

→ Ich spreche laut und deutlich, schreie jedoch nicht und spiele mich nicht zum Alleinunterhalter auf.

Verraten Sie Ihrem Sohn die Geheimnisse der Körpersprache

- Übersetzen Sie Ihrem Sohn im Alltag möglichst oft Gesichtsausdrücke, Handbewegungen und Körperhaltungen anderer: »Der Mann guckt ganz schön grimmig und presst die Lippen zusammen. Der ist bestimmt ärgerlich.«
- Sprechen Sie Ihren Sohn auf seine **EIGENE MIMIK UND GESTIK** an: »Du strahlst ja übers ganze Gesicht. Hast du etwas Schönes erlebt? Bist du glücklich?«
- Machen Sie beim Vorlesen einer Geschichte immer mal wieder die Körpersprache der vorkommenden Personen nach: »Der Junge ließ den Kopf hängen und ging traurig nach Hause.« Regen Sie Ihren Sohn dazu an, ebenfalls Gesten und Mimik nachzuahmen.
- Sehen Sie sich zusammen mit Ihrem Sohn Filme, Fernsehsendungen und Sportübertragungen ohne Ton an. Konzentrieren Sie sich vor allem auf die männlichen Darsteller und Sportler und sprechen Sie darüber: Welcher Schauspieler/Sportler war sparsam in seinen Gesten, welcher agierte gestenreich? Welche Gesten kann Ihr Sohn nachmachen? Was könnten Sie bedeuten? Welche verschiedenen Körperhaltungen waren zu sehen? Was fällt Ihrem Sohn dazu ein?
- Malen Sie zusammen Strichmännchen mit unterschiedlichen Gesichtsausdrücken und Körperhaltungen: ein wütender Mann, ein fröhlicher Mann, ein ängstlicher Mann, ein viel beschäftigter Mann. Wie unterscheiden sie sich? Hängen Sie Ihre Kunstwerke zu Hause auf, und schauen Sie sich diese ab und zu wieder an.
- Spielen Sie Szenen aus Ihrem Alltag mit Ihrem Sohn nach. Aber **TAUSCHEN SIE DABEI DIE ROLLEN**: Ihr Sohn spielt Mama oder Papa, und Sie stellen Ihren Sprössling dar. Überzeichnen Sie dabei Gesten und Mimik ruhig etwas. Und fragen Sie nach, ob er weiß, was damit gemeint ist.

Vermitteln Sie Ihrem Sohn Wissen über Gefühle

- **AKZEPTIEREN SIE DIE GEFÜHLE IHRES SOHNES** – auch die negativen und heftigeren, deren Ausbruch Sie vielleicht als unangenehm empfinden. Er hat ebenso ein Recht auf seine eigenen Emotionen wie Sie auf Ihre. Das ist in Ordnung. Werten Sie sie nicht ab und machen Sie sich nicht lustig darüber. Auch ein gut gemeintes »Kopf hoch, das wird schon wieder« oder »So schlimm ist das doch nicht« lassen Ihren Sohn schnell daran zweifeln, dass Sie ihn und sein Gefühlsleben ernst nehmen.
- Lassen Sie sich auf keinen Fall von negativen Emotionen anstecken: Sagen Sie sich innerlich: »Ich bin ganz ruhig!« Atmen Sie mehrmals tief ein und möglichst kräftig wieder aus. Auch ein lauter Stoßseufzer ist erlaubt. Oder verschwinden Sie ins Badezimmer und strecken Sie Ihrem Sohn ungesehen die Zunge raus, oder ballen Sie kurz die Fäuste. Danach lächeln Sie Ihrem Spiegelbild aufmunternd zu.
- Sprechen Sie von klein auf mit Ihrem Sohn über Gefühle – Ihre eigenen in verschiedenen Situationen und seine. Erzählen Sie ihm, wenn Sie zufrieden sind, weil etwas gut geklappt hat, oder dass Sie sich etwas einsam fühlen, weil Ihr Partner verreist ist. Fragen Sie ihn auch immer wieder: »Wie fühlst du dich?« Anfangs werden ihm sicher die **NÖTIGEN WORTE DAFÜR FEHLEN** (→ Seite 100). Dann lassen Sie ihn einfach beschreiben, was er empfindet. Anschließend können Sie zusammen nach einem Begriff für dieses Gefühl suchen.
- Basteln Sie Ihrem Sohn eine **GEFÜHLE-SKALA**, auf der einfache Smiley-Gesichter mit Strichen und Punkten unterschiedliche Emotionen darstellen – von abgrundtief traurig über sauer, niedergeschlagen und ängstlich bis hin zu zufrieden und himmelhoch jauchzend. Lassen Sie ihn immer mal wieder darauf zeigen, wie es ihm gerade geht, und benennen Sie dann das jeweilige Gefühl.

So bekommt Ihr Sohn ein gutes Körperverhältnis

→ Erkunden Sie mit Ihrem Sohn, wie Sie über die verschiedenen Körperteile sprechen wollen, vor allem die so oft »unaussprechlichen« im Genitalbereich: Penis, Schwanz, Pipimann, Strullerjan, Pimmel, Hoden, Eier, After, Puploch... Es gibt viele, oft regional unterschiedliche Bezeichnungen – welche kennen Sie und welche davon gefallen ihnen beiden?

→ Reden Sie nicht verschämt oder spektakulär über die Intimbereiche, sondern so selbstverständlich wie möglich! Es hilft Ihrem Sohn, unverkrampft mit seinem Körper umzugehen. Übrigens: Jeder Arzt ist dankbar für genaue Beschreibungen, also wenn ein Junge sagen kann, wo ihm etwas wehtut!

→ Lernen Sie auch selbst mehr darüber, was zur männlichen Biologie und Sexualität dazugehört und welche behandlungsbedürftigen Probleme auftreten können: Hodenhochstand, Hämorrhoiden im Po-Bereich, Bettnässen, Leistenbruch, bakterielle Entzündungen. Manche Probleme werden bei Jungen allzu oft übersehen und können zu Erkrankungen führen, die vermeidbar wären. Fragen Sie bei Urologen oder anderen Fachärzten für Männerkrankheiten nach, und suchen Sie das Gespräch mit Beratungsstellen der Pro Familia.

→ Die RICHTIGE KÖRPERHYGIENE ist eine leider oft vernachlässigte Angelegenheit, die Jungen von klein auf lernen sollten. Nicht nur das regelmäßige Zähneputzen ist wichtig, auch die Körperregionen weiter unten wollen gepflegt sein. Wenn Ihr Sohn noch sehr klein ist: Waschen Sie – vorsichtig! – seine Genitalbereiche, singen oder summen Sie dabei vor sich hin. Das fördert die Entspannung – vor allem Ihre eigene! Zeigen Sie als Vater Ihrem Sohn, sobald er alt genug dafür ist, wie man seinen Körper selbst pflegen kann. Das vorsichtige Zurückziehen der Vorhaut, um auch die Talgablagerungen hinter der Eichel auszuwaschen, gehört zu den wichtigsten Reinigungen. Körperhygiene beugt auch Erkrankungen vor! Verwenden Sie stets nur Wasser und eine pH-neutrale Seife.

→ Machen Sie sich vertraut damit, wie sich KINDLICHE SEXUALITÄT äußert. Beachten Sie dabei, dass diese niemals (!) mit den sexuellen Wünschen, Bedürfnissen und Praktiken von Erwachsenen zu tun hat oder verwechselt werden darf. Kindliche Sexualität folgt – noch ohne erotische »Hintergedanken« – der reinen

Neugier auf den eigenen Körper und den der anderen. »Doktorspiele«, »Heiraten« oder »Vater-Mutter-Kind« sind beliebte Spiele unter etwa Gleichaltrigen, meist ab dem Kindergartenalter, um herauszufinden, wie sich menschliche Körper anfühlen. Wenn Sie solche Spiele zufällig beobachten (in die Sie in der Regel nicht eingreifen sollten, außer wenn Sie Ängstlichkeiten der Kinder bemerken oder die Altersunterschiede zu groß sind), werden Sie feststellen, dass es nicht allein um Sexuelles im engeren Sinne geht, sondern auch um das Ausprobieren sozialer Rollen. Solche Rollenspiele sind notwendig, weil Kinder dabei ihr eigenes Geschlecht entdecken und feststellen können, was sie körperlich mögen und was nicht. Sie fördern die Selbstvergewisserung, das gegenseitige Vertrauen und die Abgrenzung. Damit verbunden ist die Entwicklung von Scham und Moral.

→ Ihr Sohn wird Ihnen von seinen Spiel-Erlebnissen in der Regel nicht erzählen, Sie können aber in den meisten Fällen unbesorgt sein. Sollten Ihnen dennoch einmal Zweifel kommen, ob das alles so in Ordnung ist, versuchen Sie ein Gespräch mit ihm. Fragen Sie ihn dabei aber nicht einfach aus oder verbieten Sie sie gar, sondern lassen Sie sich erzählen, was er an den Spielen aufregend und spannend findet. Erst dann sollten Sie zu einer Einschätzung kommen, wie Sie sich weiterhin verhalten.

→ Alle sexuellen Ereignisse stehen mit körperlichen, psychischen und seelischen Vorgängen in Verbindung – die schönen ebenso wie die manchmal unangenehmen. Hilfreich ist, klare, unaufgeregte Worte für alles zu finden, worüber Sie sich Gedanken machen, und dabei unbedingtes Vertrauen zu Ihrem Sohn zu haben.

→ Unbedingtes Vertrauen heißt nicht, ihm alles aufs Wort zu glauben: Häufiger müssen Sie Schilderungen Ihres Sohnes erst in Ihre Erwachsenensprache »übersetzen« – was nicht immer leicht ist, weil Kinder noch eine bildhafte, verschlüsselte Sprache nutzen. Nehmen Sie die Bildersprache als Herausforderung, wieder dazuzulernen! Wenden Sie sich im Zweifelsfall auch an Fachleute.

→ Informieren Sie sich über geeignete Präventionsliteratur und Kinderbücher, in denen sexuelle Fragen angemessen dargestellt und behandelt werden. Sie können hier viel für die emotionale Sicherheit Ihres Sohnes tun, indem die kindliche Sexualität kein Tabu ist. Aber überfordern Sie Ihren Sohn nicht: Sexualität und alles, was damit zusammenhängt, entwickelt sich nur langsam.

- Spielen Sie **GEFÜHLE-RATEN**: zum Beispiel ärgerlich, traurig, müde. Hat Ihr Sohn herausgefunden, was Sie dargestellt haben, ist er dran und Sie müssen raten (→ Seite 115).
- Malen Sie zusammen Gefühle. Stellen Sie sie einfach durch unterschiedliche Farben und/oder Farbzusammensetzungen dar. Ist Freude für Sie rot oder orange? Oder ist das eher die Farbe der Wut? Und für welches Gefühl könnte ein helles Blau stehen?
- Sprechen Sie mit Ihrem Sohn über **ÄNGSTE**. Erzählen Sie ihm, wovor Sie in seinem Alter Angst hatten und was Ihnen (vielleicht) geholfen hat. Gestehen Sie ein, was Ihnen heute noch Furcht einjagt und Sie ängstigt. Fragen Sie ihn dann nach seinen eigenen Ängsten. Was könnten Sie gemeinsam dagegen tun?
- Sehen Sie sich zusammen mit Ihrem Sohn Bilder von Männern, Frauen und Kindern unterschiedlicher Altersgruppen und Nationalitäten in Zeitungen und Zeitschriften an und schneiden Sie sie heraus. Sortieren Sie sie gemeinsam danach, welche Gefühle in den Gesichtern dieser Menschen zu sehen sind. Bilden Sie Stapel: glückliche Menschen, traurige Menschen, wütende Menschen … Wenn Ihr Sohn mag, kann er die Gesichter ausschneiden und zu einer Collage zusammenkleben: »Glück«, »Traurigkeit«, »Wut« …
- **DRÄNGEN** Sie Ihren Sohn nicht, über seine Gefühle zu sprechen, wenn er dies partout nicht möchte. Jungen brauchen oft eine gewisse Zeit, um ihre Emotionen zu »ordnen« oder sie überhaupt wahrzunehmen. Nicht selten ziehen sie sich erst einmal zurück und kapseln sich ab. Lassen Sie Ihren Sohn gewähren. Taucht er aus seiner Versenkung wieder auf, ist er wahrscheinlich eher bereit, mit Ihnen zu reden – vielleicht sogar über seine Gefühle.
- Schenken Sie Ihrem Sohn, wenn das machbar ist, ein Haustier. Die Pflege fördert nicht nur sein Verantwortungsbewusstsein, sie ist auch eine gute Lektion in Sachen Einfühlungsvermögen – zumal er sich mit seinem Schützling nicht sprachlich verständigen kann.

Keine Angst vor Emotionen

→ Trösten Sie Ihren Sohn, wenn er mal weint. Nehmen Sie ihn in die Arme und zeigen Sie ihm, dass es völlig in Ordnung ist, traurigen Gefühlen freien Lauf zu lassen. Auch ältere Jungen dürfen weinen! Tränen bei Männern sind, spätestens seit sie bei Politikern und bekannten Moderatoren vor laufenden Kameras übers Gesicht rollten, nicht mehr peinlich. Weinende Männer sind keine »Weicheier«, sondern eher mutig!

→ Spielen Sie Ihrem Sohn gegenüber nicht den »coolen Typen« oder »Sonnyboy«. Zeigen Sie ihm ruhig, dass auch Sie viel mehr Gefühle haben und nicht jeden Tag fröhlich sind. Das heißt natürlich nicht, dass Sie ihn mit Ihren Erwachsenenproblemen belasten oder gar Ihren Ärger an ihm auslassen sollen! Aber erklären Sie ihm ruhig ab und zu, warum Sie »nicht gut drauf« sind, etwa: »Ich bin heute niedergeschlagen, weil im Job etwas schief gegangen ist.«

Machen Sie Ihren Sohn zu einem Teamplayer

→ Übertragen Sie Ihrem Sohn KLEINE AUFGABEN im »Team Familie«: Blumen gießen, die Katze füttern, das eigene Zimmer aufräumen – das können schon Dreijährige allein übernehmen. Erledigen Sie andere Alltagsarbeiten wie Staubsaugen oder Unkraut im Garten jäten gemeinsam. Aber geben Sie Ihrem Sohn dabei wirklich eine Chance, etwas zum Gelingen des Ganzen beizutragen (→ Seite 94).

→ Ermöglichen Sie Ihrem Sohn von klein auf, selbst Erfahrungen in unterschiedlichen Gruppen zu sammeln. Wunderbar ist ein Mannschaftssport, der ein Team regelrecht zusammenschweißen kann, wo Ihr Sohn aber auch die Chance hat, Konflikte auszutragen.

- BASTELN UND WERKELN Sie mit Ihrem Sohn gemeinsam. Bauen Sie beispielsweise einen Nistkasten oder ein Regal für sein Zimmer. Reparieren Sie mit ihm zusammen sein Fahrrad. Gestalten Sie Weihnachtskarten für die Verwandten. Egal, was Sie tun – wichtig ist, dass Sie absprechen, wer bei Ihrem Projekt welche Aufgabe übernimmt. Und dann sollten Sie Ihren Sohn seinen Job unbedingt auch machen lassen. Nehmen Sie ihm also nicht den Schraubenzieher oder die Schere aus der Hand, damit Sie schneller fertig werden. GEBEN SIE IHM HÖCHSTENS HILFESTELLUNG UND TIPPS.
- Organisieren Sie die Geburtstagsfeier Ihres Sohnes gemeinsam: Denken Sie sich vielleicht ein Motto aus, entwerfen Sie Einladungskarten, überlegen Sie, was gespielt werden soll. Wer übernimmt welche Vorbereitungen? Je älter Ihr Sprössling ist, desto mehr kann er beitragen oder auch schon selbst aussuchen und entscheiden.
- Laden Sie die besten Freunde Ihres Sohnes ein, und geben Sie ihnen die Möglichkeit zu gemeinsamen Aktivitäten. Am besten solche, die allein nicht gelingen würden und NUR IM TEAM RICHTIG GUT KLAPPEN und Spaß machen. Wie wäre es mit dem Bau eines großen Gebäudes oder einer ganzen Landschaft aus Bausteinen, bei der jeder einen Part übernimmt? Vielleicht haben Sie auch Platz im Garten, wo die Jungen aus Brettern und Plastikplanen eine Hütte bauen können. Oder Sie bieten Ihnen ein Beet an, um Gemüse und Blumen auszusäen. Wichtig ist, dass die Jungen selbst die Aufgaben verteilen, sich gegenseitig unterstützen und die Erfahrung machen, wie weit man in einem Team kommen kann.
- Tappen Sie nicht in die »KLEINE-PRINZEN-FALLE«: Während Mädchen schon früh in häusliche Aktivitäten einbezogen werden, neigen viele Mütter dazu, ihren Söhnen jede Kleinigkeit abzunehmen. Jungen, denen eine »Supermama« ständig alles vorsetzt und hinterherräumt, werden nicht nur unselbständig und später wenig alltagstauglich – sie können auch nur schwer mit anderen kooperieren.

Die schönsten Beziehungsspiele

Mütze voran!

Dieses Ratespiel können Sie gut mit der ganzen Familie oder mit mehreren Jungen beispielsweise bei einer Geburtstagsfeier machen:

→ Losen Sie aus, wer anfängt. Derjenige setzt eine Mütze auf. Dann flüstern Sie ihm einen Männerberuf oder eine Sportart ins Ohr, den beziehungsweise die er pantomimisch darstellen soll. Die anderen machen die Bewegungen nach und versuchen, sich in den zu erratenden Beruf oder Sport einzufühlen. Auf ein abgemachtes Zeichen hin sollen die Jungen dann erraten, was gemeint ist. Wer es zuerst weiß, bekommt als Nächster die Mütze. Verzweifeln Sie nicht, wenn es leicht chaotisch wird und immer einige vorlaute Jungs dabei sind. Gemeinsam kann dann die Regel aufgestellt werden, dass ausscheidet, wer vor dem verabredeten Zeichen die Lösung in den Raum brüllt.

Spiegelbild

Dies ist eine wunderbare Übung für mehr Einfühlungsvermögen:

→ Setzen Sie sich Ihrem Sohn gegenüber hin. Nun tun Sie so, als ob Sie sich in einem imaginären Spiegel betrachten. Schneiden Sie Grimassen, gestikulieren Sie, am besten in Zeitlupe, mit den Händen, bewegen Sie Ihren Körper – gerade so, wie es Ihnen spontan einfällt. Ihr Sohn soll versuchen, alles nachzumachen, Sie zu »spiegeln«. Nach einer Weile wechseln Sie die Rollen.

Kleine Gefühle – große Gefühle

→ Lassen Sie Ihren Sohn mal das Gefühl »Freude« körperlich ausdrücken – erst klein, zaghaft, verhalten, dann in Zeitlupe immer größer werdend. Ist die Freude

»riesengroß«, soll er sie langsam wieder in eine »kleine Freude« zurückverwandeln. Danach ist das Gefühl »Wut« dran. Fragen Sie Ihren Sohn, was er bei der Übung bemerkt hat. Wenn Sie möchten, machen Sie die Übungen mit und sagen ebenfalls, was in Ihnen dabei vorgegangen ist.

Blindfisch

Bei diesem Zweierspiel sind gegenseitiges Vertrauen und Kooperation gefragt. Vielleicht spielen Sie es erst einmal mit Ihrem Sohn, später kann er es auch mit einem guten Freund ausprobieren:

→ Verbinden Sie Ihrem Sohn die Augen. Dann stellen Sie sich hinter ihn und führen ihn nun ohne ein Wort zu sprechen nur mit Hilfe von Finger-Tippzeichen durch den Raum oder Garten. Diese Tippzeichen sind: 1 x auf den Rücken tippen = langsam geradeaus gehen. 2 x kurz hintereinander auf den Rücken tippen = schneller geradeaus gehen. Auf die linke Schulter tippen = 90 Grad nach links wenden. Auf die rechte Schulter tippen = 90 Grad nach rechts wenden. Auf den Kopf tippen = stehen bleiben. Nach drei bis vier Minuten wechseln Sie. Dann führt Ihr Sohn Sie.

Die Mauer

Eine tolle Aktion, wenn mehrere Jungen zusammen spielen, und eine super Übung in Sachen Kooperation und gegenseitiger Unterstützung:

→ Lassen Sie Ihren Sohn mit seinen Freunden eine kleine Mauer aus Stühlen, Tischen, Decken, Kissen, Kartons ... bauen. Steht das Hindernis, müssen alle von einer Seite auf die andere wechseln, ohne dabei die Mauer zu berühren. Einfach herumgehen gilt nicht! Aber ansonsten ist alles erlaubt: zum Beispiel springen (Vorsicht, je nach Höhe und Übermut besteht die Gefahr, dass sich ein Kind verletzt!) oder jemanden allein oder gemeinsam darüber heben. Stoppen Sie die Zeit, die die

Jungen für diese Aufgabe brauchen. Vielleicht fällt ihnen beim nächsten Durchgang eine andere Strategie ein, mit der sie schneller ans Ziel kommen.

Brücke

Hat Ihr Sohn einen Freund, der etwa gleich groß oder gleich schwer ist? Dann können sich die beiden einander gegenüber stellen und ihre flachen Hände mit ausgestreckten Armen aneinander drücken. Nun versuchen beide gleichzeitig, ihre Füße – sehr langsam – immer weiter rückwärts zu setzen, ohne dabei den Augen- und Händekontakt zu verlieren. Achtung: Irgendwann kommt der Punkt, an dem sie so aufeinander angewiesen sind, dass sie ohne den anderen keinen festen Stand mehr haben! Ist die maximale Brücke erreicht, einen Augenblick diese Position halten und dann langsam die Füße wieder vorwärts setzen, bis jeder wieder selbständig stehen kann. Wichtig: mit rutschfesten Schuhen oder barfuß üben.

Stimmungen fotografieren

Fotografieren Sie und Ihr Sohn sich gegenseitig, während Sie unterschiedliche Stimmungen durchspielen: aufgeregt, albern, genervt, wütend, stolz. Eine unkomplizierte Kamera können schon Vorschulkinder betätigen. Welche Stimmungen können Sie beide leicht ausdrücken, in welche können Sie sich nur schwer versetzen?
Eine ganz interessante Erfahrung ist es, sich dann zu fotografieren, wenn man wirklich in der jeweiligen Stimmung ist. Das kann – besonders wenn Wut im Spiel ist – eine echte Herausforderung sein! Aber wenn Sie davon Abzüge machen lassen, können Sie sie von Zeit zu Zeit miteinander anschauen und darüber sprechen: »Weißt du noch, da warst du richtig sauer (glücklich), weil …« Das hat noch mal eine ganz andere Qualität, als sich die nur gespielten Gefühle anzusehen oder Gefühle von fremden Leuten aus Zeitschriften (→ Seite 110).

4

Kraftakte: Dem Körper Aufmerksamkeit schenken

»Wo Kinder sind, da sind auch die Sinne im Spiel«, sagt die Osnabrücker Expertin für Bewegungserziehung Professor Dr. Renate Zimmer. Doch unsere Gesellschaft »verkopft« immer mehr. Wir alle bewegen uns heute schon viel zu wenig, und im Leben unserer Söhne hat das Fernsehen meist einen höheren Stellenwert als Fahrradfahren oder Fußballspielen. Leider. Denn das wirkt sich nicht nur auf ihre Fitness und motorische Entwicklung negativ aus. Schließlich brauchen nicht nur Sehen und Hören, sondern auch alle anderen Sinne ihres Körpers Anregung, um nicht zu verkümmern.

Wer seinen Körper nicht richtig spüren kann oder Probleme mit dem Gleichgewicht hat, ist oft unruhig und zappelig, kann seine Kräfte schwer richtig dosieren und ist nicht selten auch seelisch unausgeglichen.

Sogar Schwierigkeiten in der Schule können die Folge dieses **MANGELNDEN KÖRPERGEFÜHLS** sein. Jungen leiden eher unter fehlender Bewegung und ungenügender körperlicher Betätigung als Mädchen. Experten gehen davon aus, dass diese Reize nicht nur zum Aufbau ihrer Muskelkraft nötig sind, sondern dass auch ihr **GEHIRN** sie dringend für Entwicklung und Reifung braucht.

Und hier kommen Sie als Eltern ins Spiel: Bei Wohn- und Lebensbedingungen, die nicht mehr automatisch täglich Bewegung, Körper- und Sinnestraining ermöglichen, müssen Sie Ihrem Sohn gezielt die Gelegenheit geben, mehr für seinen Körper zu tun. Bringen Sie wieder etwas **MEHR BEWEGUNG** und Körperlichkeit in sein – und auch Ihr – Leben. Mit Sicherheit profitieren Sie alle davon.

Setzen Sie Ihren Sohn in Bewegung

- Sorgen Sie dafür, dass Ihr Sohn von klein auf TÄGLICH BEWEGUNG bekommt, am besten im Freien und bei jedem Wetter. Besuchen Sie mit ihm immer wieder andere Spielplätze, gehen Sie in Parks, in den Wald und ins Schwimmbad. Spielen Sie mit ihm Ball und Federball, springen Sie zusammen Seil, bringen Sie ihm alles bei, was Sie können: Roller und Fahrrad fahren, inlineskaten, schwimmen …
- Lassen Sie Ihren Sohn, wann immer es eine Gelegenheit dazu gibt, mal richtig nach Herzenslust TOBEN UND RENNEN, so schnell er kann.
- Besuchen Sie mit ihm schon früh eine Mutter-und-Kind-Turngruppe, oder fragen Sie nach einem entsprechenden Angebot für Väter und Kinder (ja, die gibt es auch schon!). Dort können Jungen spielerisch ihren Bewegungsdrang ausleben und auch mal ganz andere Dinge ausprobieren als auf einem Spielplatz. Außerdem bekommt Sport so frühzeitig einen Platz im Leben Ihres Sohnes.
- Lassen Sie Ihren Sohn im Sportverein alles ausprobieren, wozu er Lust hat. So findet er sicher über kurz oder lang eine SPORTART, die ihm – zumindest eine Zeit lang – Spaß macht.
- Gleichen Sie Zeiten vor Fernseher, Computer und Spielkonsole durch Bewegung aus. Ihr Sohn sollte unbedingt genauso lange aktiv SEIN, wie er »bewegungslahm« vor den Geräten gesessen hat.
- Seien Sie selbst kein Bewegungsmuffel. Leben Sie ihm vor, dass es besser ist, die Treppe statt den Fahrstuhl zu nehmen, fahren Sie zum Brötchenholen mit dem Fahrrad, und verbringen Sie nicht die ganzen Ferien im Liegestuhl. Wenn Sie dann noch »richtig« Sport treiben, kann Ihr Sohn sich zusätzlich ein Beispiel an Ihnen nehmen.
- Fahren Sie Ihren Sohn nicht überall mit dem Auto hin. Legen Sie kurze Strecken grundsätzlich mit dem Fahrrad oder auch zu Fuß zurück. Das verschafft Ihnen beiden nicht nur Bewegung, es fördert auch das räumliche Denken Ihres Sohnes.

- Besuchen Sie mit Ihrem Sohn **SPORTVERANSTALTUNGEN**: Volksläufe, Schwimmfeste oder ein Wettbewerb im Drachenfliegen begeistern ihn sicher. Oft veranstalten auch örtliche Vereine Sportfeste, bei denen sogar verschiedene Sportarten ausprobiert werden können. Vielleicht animiert das zusätzlich, selbst aktiv zu werden.
- Denken Sie sich anlässlich eines Kindergeburtstags eine eigene Olympiade mit lustigen Disziplinen aus: Kirschkernweitspucken, Wassereimerlaufen, Schubkarrenparcours, Schwimmflossenrennen, Gummistiefelweitwurf – der Fantasie sind keine Grenzen gesetzt!
- Machen Sie am Wochenende mit der ganzen Familie »**BEWEGTE**« **AUSFLÜGE**: Wandern Sie, fahren Sie Rad oder Tretboot, probieren Sie zusammen den nächsten Trimmpfad aus, gehen Sie im Winter rodeln oder Schlittschuh laufen. Möglichkeiten gibt es genug – und die sind meist billiger als ein Nachmittag im Kinosessel mit Eis und Popcorn.
- Gestehen Sie Ihrem Sohn, je älter er wird, einen immer größer werdenden Bewegungsradius von zu Hause aus zu. Überwachen Sie nicht mehr ständig jeden seiner Schritte. Ein solches »**HERUMSTREIFEN**« bringt ihn nicht nur körperlich in Bewegung. Es fördert auch sein Orientierungsvermögen und eröffnet ihm wahrscheinlich neue soziale Kontakte und Erfahrungen (→ Seite 150).

> »Euer Körper ist
> die Harfe eurer Seele,
> und es ist an euch,
> süße Musik aus ihm
> zu locken oder wirre Töne.«
>
> [Khalil Gibran | *libanesischer Schriftsteller (1883–1931)*]

Motivieren Sie Ihren Sohn dazu, seinen Körper zu trainieren

- Lassen Sie Ihren Sohn oft **BARFUSS LAUFEN**. Über die Fußsohlen nimmt er viele intensive Reize wahr, die ihm auch ein gutes Körperbewusstsein vermitteln.
- **SCHAUKELN** Sie viel mit Ihrem Sohn. Das fördert seinen Gleichgewichtssinn. Schaukeln gibt es sogar für Türrahmen in der Wohnung. Notfalls bringen Sie eine Hängematte an.
- Geben Sie Ihrem Sohn Gelegenheit zum **KLETTERN**: Bäume sind wunderbar zum Üben. Aber auch Hochsitze im Wald, Klettergerüste und Abenteuerspielplätze bieten echte Herausforderungen. Mit älteren Jungen können Sie einen Kletterpark oder Hochseilgarten besuchen. Ist Ihr Sohn eher ein Draufgänger, achten Sie darauf, dass er seine Kletterkünste nicht überschätzt. Ist er eher vorsichtig und ängstlich, drängen Sie ihn nicht. Lassen Sie ihn häufiger üben, dann gewinnt er mit der Zeit Sicherheit und traut sich mehr zu. Wichtig: Vergleichen Sie das Können Ihres Sohnes nicht mit dem anderer Kletterer!
- Animieren Sie Ihren Sohn dazu, sich eine **LIEBLINGSSPORTART** zu suchen und diese regelmäßig zu betreiben. Unterstützen Sie ihn dabei, so gut Sie können. Achten Sie darauf, ob Ihr Sohn mit dem Trainer gut klarkommt, ob dieser ihn so annimmt und fördert, wie es ihm gut tut, oder ob zwischenmenschliche Probleme ihm die Lust am Sport nehmen. Jungen sollten – vor allem, wenn sie keine Sportskanonen sind – ermutigt statt gedrillt werden.
- Egal ob Fußball, Leichtathletik, Tischtennis oder Judo – akzeptieren Sie es, wenn sich Ihr Sohn für eine Sportart entschieden hat, auch wenn Sie selbst sich etwas anderes für ihn gewünscht hätten. Er soll Spaß daran haben – nicht Sie. Nur dann wird er dabeibleiben.
- Verkneifen Sie sich auf jeden Fall, aus ihm einen Mini-Ballack oder Nachwuchs-Boris-Becker machen zu wollen. **HOCHTRABENDE**

4

ELTERN-AMBITIONEN haben schon so manchem Jungen das Training vermiest und andere Probleme auf den Plan gerufen!

- Sprechen Sie mit Ihrem Sohn darüber, was ihm an körperlichen Aktivitäten gut tut und gefällt und was ihm unangenehm ist. Fragen Sie ihn auch danach, was ihm Angst macht. Im Gespräch können Sie dann vielleicht gemeinsam seine eigenen Grenzen, Schwächen und Stärken ausloten und nach Lösungen suchen. Respektieren Sie dabei auf jeden Fall seine Gefühle, und versuchen Sie nicht, sie ihm auszureden nach dem Motto »damit musst du leben« oder »beiß die Zähne zusammen«. Überlegen Sie stattdessen gemeinsam, ob der Wechsel in eine andere Mannschaft eine Lösung wäre oder ob er eben eine andere Sportart ausprobieren sollte.
- Machen Sie Ihrem Sohn aber auch klar, dass es wichtig ist, die eigenen **KÖRPERLICHEN GRENZEN** im Sport auszuloten und nicht zu überschreiten. Wer seinen Körper rücksichtslos exzessiv auspowert und bis zum Umfallen trainiert, schadet sich nur selbst.
- Sorgen Sie dafür, dass Ihr Sohn – wenn er mag und dies zeitlich möglich ist – regelmäßig **UNTERSCHIEDLICHE SPORT- ODER BEWEGUNGSARTEN** ausübt. Schließlich fördert jede besondere Fähigkeiten.
- Schenken Sie Ihrem Sohn ein **MINI-TRAMPOLIN** (→ Adresse Seite 158). Das passt oft sogar ins Kinderzimmer und tut ihm dreifach gut: Er spürt beim Springen seinen ganzen Körper und kann ihn bald besser beherrschen, er trainiert Motorik und Gleichgewichtssinn und kann gleichzeitig auch noch überschüssige Energie und Frust abbauen. Bleiben Sie anfangs dabei, bis Ihr Sohn sich mit seinem neuen Sportgerät etwas vertraut gemacht und eingesprungen hat (→ Seite 126).
- Schenken Sie Ihrem Sohn ein wackeliges **BALLKISSEN** (→ Adresse Seite 158). Beim Sitzen darauf muss er permanent Minibewegungen machen, um sein Gleichgewicht auszubalancieren. Das hilft vielen Jungen dabei sich besser zu konzentrieren, trainiert aber auch das

Körpergefühl. Auf Seite 126 finden Sie noch ein paar weitere Übungen, die Ihr Sohn mit dem Ballkissen machen kann.

→ Eine gute Schulung für Körperbeherrschung und Konzentration sind Kampfsportarten wie Karate, Judo, Aikido oder Kendo. Informieren Sie sich genau: Die einzelnen Varianten haben unterschiedliche Ausprägungen und Schwerpunkte. So fördert Judo eher das Gleichgewicht und die Körperbeherrschung, während Karate wunderbar Aggressionen abbaut und Aikido mit seinen strengen Regeln ohne jeglichen Wettkampf besonders schüchternen, ängstlichen Jungen zu mehr Selbstbewusstsein verhilft. Schauen Sie sich den Lehrer und die Schule gut an. Auch hier gibt es schwarze Schafe! Und gönnen Sie Ihrem Jungen ein Probetraining.

TIPPS FÜR PAPAS

Action, bitte!

→ Lassen Sie Ihren kleinen Sohn auf Ihrem Rücken reiten. Das macht Spaß und er spürt bei diesen Bewegungen nicht nur sich selbst, sondern auch Ihren kräftigen Körper. So fördern Sie gleichzeitig das Vertrauen zwischen Ihnen.

→ Toben und raufen Sie mit Ihrem Sohn sooft wie möglich. Ringen Sie mit ihm spielerisch oder machen Sie eine Kissenschlacht miteinander. Bei alldem darf es ruhig mal etwas wilder zugehen, wenn Ihr Sohn das mag. So sammelt er ganz andere Körpererfahrungen als mit Mama.

→ Gehen Sie mit Ihrem Sohn regelmäßig zum Schwimmen. Planschen, spritzen, tauchen, rutschen Sie mit ihm. Auch hierbei geht's wahrscheinlich etwas aktiver und heftiger zu als bei Schwimmbadbesuchen mit Mama. Ihr Sohn wird das genießen.

- Ein Körpertraining ganz anderer Art ist THEATERSPIELEN. Vielleicht gibt es eine Kindergruppe in Ihrer Nähe, in der Ihr Sohn mitspielen mag. Ansonsten stellen Sie ihm alte Kleidung, Stoffe, Hüte und andere Utensilien zum Verkleiden zur Verfügung. So kann er zusammen mit Freunden in andere Rollen schlüpfen und sein eigenes Repertoire an körperlichen Ausdrucksformen erweitern.

Lassen Sie Ihren Sohn Wettkämpfe austragen

- Spielen Sie viel mit Ihrem Sohn. Ein wunderbares »Wettkampftraining« sind BRETTSPIELE jeder Art. Dabei lernen Jungen nicht nur zu siegen, sondern auch mal zu verlieren, durchzuhalten, selbst wenn sie keine Lust mehr haben, ein Ziel zu verfolgen und fair mit ihren »Gegnern« umzugehen (→ Seite 130).
- Bauen Sie KLEINE »WETTKÄMPFE« IM ALLTAG ein. Stapeln Sie zum Beispiel Bausteine übereinander (»Wer den höchsten Turm baut«), machen Sie am Ende eines Spaziergangs einen Endspurt (»Wer zuerst zu Hause ist«), oder legen Sie bei Radfahrten einen Zwischenspurt ein (»Wer zuerst am nächsten Baum oder Haus ankommt«). Geben Sie kleinen Jungen dabei ruhig die Chance zu gewinnen. Je älter und kräftiger Ihr Sohn wird, desto realer können die »Wettkampfbedingungen« werden.
- Setzen Sie ANREIZE, die Ihren Sohn anspornen, bestimmte Dinge zu tun oder zu lernen. Auch das ist eine Art Wettkampf, die Jungen Spaß macht. Wenn Sie ihn so herausfordern, dass ihm sein Sieg etwas einbringt (»Ist dein Zimmer bis 15 Uhr aufgeräumt, gehen wir ins Schwimmbad.«), ist er sicher gern bereit, sich auch für unangenehmere Dinge voll und ganz einzusetzen.
- Geben Sie Ihrem Sohn die Chance, seine Kräfte mit anderen Kindern zu messen – auch verbal. Unterbinden Sie Konkurrenzsituationen

oder lautstarke Wer-ist-der-Beste-Prahlereien nicht von vornherein. Auch nicht jedes **RANGELN UND RAUFEN** erfordert gleich Ihr Eingreifen. Achten Sie aber darauf, dass es nicht zu gewalttätigen Handlungen kommt (→ Seite 133/134).

- Suchen Sie Gelegenheiten, bei denen Ihr Sohn mit anderen in einen Wettstreit treten kann: Sportwettkämpfe, Lese- und Wissenswettbewerbe, Schachturniere – wählen Sie das aus, was den Stärken und Interessen Ihres Sohnes entspricht. **DRÄNGEN SIE IHN JEDOCH ZU NICHTS.** Manche Jungen brauchen Zeit, um sich in solchen Konkurrenzsituationen zurechtzufinden. Und achten Sie unbedingt darauf, dass er nicht nur Niederlagen einsteckt!
- Organisieren Sie mit mehreren anderen Vätern oder Elternpaaren am Wochenende kleine Wettkämpfe für Ihren Sohn und seine Freunde: Fußball- oder Völkerballturniere, Ritterspiele, Bocciaspielen oder Laufduelle mit integrierten Geschicklichkeitsaufgaben. Zusätzlicher Kick: Wer ist besser – Väter/Eltern oder Jungen/Kinder?
- Lassen Sie Ihren Sohn **QUIZAUFGABEN** lösen – allein oder im Wettstreit mit Freunden. Im Buchhandel gibt es zahlreiche Blöcke, Bücher oder Spiele mit fertigen Fragen zu den verschiedensten Wissensgebieten – auch schon für Vorschulkinder. Sie können natürlich auch eigene Aufgaben zusammenstellen – zum Beispiel zum Hobby Ihres Sohnes, zu Schulthemen oder passend zum Motto einer Geburtstagsfeier. Bei mehreren Jungen können Sie zwei Mannschaften bilden, wobei jeweils einer zum Raten ausgewählt wird. Am Schluss zählen Sie die Mannschaftspunkte zusammen.

»**Aktivität** ist nun einmal die Mutter des **Erfolgs**.«

[Claude Adrien Helvétius | *französischer Philosoph (1715–1771)*]

Schenken Sie Ihrem Sohn Entspannung

- Sorgen Sie dafür, dass nach Bewegung und Sport immer wieder **PHASEN DER ENTSPANNUNG** folgen. Ihr Sohn sollte lernen, dass er auch ausruhen darf, um Energie für neue Aktivitäten zu tanken. Nur so kann er auf Dauer die für ihn persönlich richtige Balance zwischen Anspannung und Entspannung herausfinden.
- Ziehen Sie ab und zu, wenn es nötig zu sein scheint, gezielt die **STRESSBREMSE**. Sagen Sie ruhig mal einen Termin ab, und gönnen Sie Ihrem Sohn freie Zeit. Darin darf er tun, was er will. Und wenn er Löcher in die Luft gucken möchte, ist das auch in Ordnung!
- Richten Sie zusammen in seinem Zimmer eine »Kuschelecke« zum Ausruhen und Sich-Zurückziehen ein. Vielleicht hat er ein Hochbett, unter dem sich eine gemütliche Höhle mit Kissen und Decken bauen lässt. Oder Sie teilen eine Zimmerecke mit Tüchern ab und schenken ihm einen Sitzsack, in dem er es sich bequem machen kann.
- Gönnen Sie sich selbst **AUSZEITEN** zum Ausruhen. Mütter und Väter, die ständig nur gestresst durch den Alltag hetzen und nicht gut für sich selbst sorgen, sind schlechte Vorbilder, wenn es um Ruhe und Entspannung geht.
- Wenn Sie in Wohnung oder Garten genug Platz haben, könnten Sie eine **HÄNGEMATTE** kaufen. Beim Schaukeln kann Ihr Sohn wunderbar entspannen und seine Seele baumeln lassen.
- Probieren Sie mit Ihrem Sohn unterschiedliche **ENTSPANNUNGSTECHNIKEN** aus. Familienbildungsstätten, Volkshochschulen und private Lehrer und Lehrerinnen bieten auch für Kinder Kurse in autogenem Training, Progressiver Muskelentspannung und Yoga an. Oder Sie machen zu Hause selbst einen Versuch mit Hilfe eines Buches oder einer CD. Beobachten Sie, was Ihrem Sohn wirklich gut tut und womit er ohne große Schwierigkeiten klarkommt. Viele Jungen mögen

nicht gern still auf dem Rücken liegen. Oft ist ein etwas aktiverer Einstieg in die Entspannung deshalb günstiger.

- Geben Sie Ihrem Sohn ab und zu eine **MASSAGE**. Seien Sie dabei besonders sensibel für seine Bedürfnisse. Jungen mögen oft nicht so sanft gestreichelt werden. Vielen gefällt es besser, wenn Sie etwas fester zupacken. Dann spüren sie sich stärker und können schneller entspannen. Fragen Sie Ihren Sohn, was ihm gefällt und an welchen Körperpartien er massiert werden möchte: nur am Rücken, an den Füßen, Armen und Händen? Experimentieren Sie etwas mit ihm: Massieren Sie ihn mit einem Igelball, einer Massagebürste oder einem rauen Frottee-Waschhandschuh. Aber vielleicht mag er es auch, wenn Sie ihn mit einem duftenden Aromaöl einreiben. Probieren Sie es aus.

> Ein Kind mit **Berührungen** zu füttern,
> seine **Haut** und seinen Rücken zu nähren
> ist ebenso wichtig, wie seinen **Magen** zu füllen.
>
> [Frédérick Leboyer | *französischer Gynäkologe*]

- Atmen Sie zusammen mit Ihrem Sohn Stress und Anspannung weg. Ganz einfach: Bequem hinlegen, die Hände auf dem Bauch, und so tief einatmen, dass sich die Bauchdecke hebt. Beim Ausatmen senkt sie sich wieder.
- Gehen Sie mit Ihrem Sohn auf **FANTASIEREISEN**. Im Buchhandel gibt es zahlreiche Bücher und CDs, die Sie dafür einsetzen können. Machen Sie es sich gemütlich, zünden Sie eine Kerze an, verteilen Sie Decken und Kissen, und dann entschweben Sie zusammen in ferne Fantasia-Länder.

Die schönsten Bewegungsspiele

Zirkusartist

Dieses Spiel fördert den Gleichgewichtssinn Ihres Sohnes:

→ Lassen Sie ihn sich auf ein Ballkissen (→ Seite 120) stellen und das Gewicht abwechselnd auf Zehen und Fersen verlagern. Sie können laut mitzählen, wie oft er es schafft, ohne herunterzutreten. Oder er balanciert das Kissen auf dem Kopf und zieht abwechselnd das rechte und linke Knie an. Er kann sich auch auf das Kissen setzen und versuchen, Arme und Bein gleichzeitig in die Luft zu strecken, ohne herunterzufallen. Sie stoppen die Zeit, wie lange er das Gleichgewicht hält. Dann probieren Sie es und er darf zählen und stoppen.

Trampolinspringen

Das Springen ist gut für den Gleichgewichtssinn und um Dampf abzulassen. Ihr Sohn kann folgende Varianten ausprobieren:

→ Mit Knien und Händen auf dem Trampolin niederlassen. Dann ganz langsam damit beginnen, das Sprungtuch in Schwingungen zu versetzen.

→ Mit dem Po aufs Trampolin setzen und hopsen. Die Füße bleiben dabei am Boden.

→ Auf das Trampolin stellen, Füße parallel nebeneinander und einfach hüpfen, mal schwächer, mal höher.

→ Im Stehen hochhüpfen und dabei die Knie anziehen oder die Beine etwas zur Seite spreizen. Achtung: Dafür ist Schwung notwendig, das funktioniert nicht bei jedem Sprung. Deshalb Zwischensprünge machen.

→ Im Stehen hochspringen und in der Luft eine halbe (oder zuerst weniger!) Drehung zur anderen Seite machen, so dass bei der Landung der Blick in die entgegengesetzte Richtung geht.

Wichtig: Achten Sie auf jeden Fall darauf, dass rund um das Trampolin genug Platz ist und Ihr kleiner Hüpfer seine Aktionen nicht übertreibt.

Schildkröten und Adler

Dies ist ein Geschicklichkeits- und Kraftspiel für eine Gruppe ab etwa fünf Gleichaltrigen, das etwas wilder werden kann:

→ Alle außer einem Jungen liegen auf dem Bauch auf einer Grundlinie. Sie sind die Schildkröten und müssen versuchen, sich auf ein Startsignal hin vorwärts in Richtung Ziellinie zu robben, die etwa 6 bis 7 m entfernt ist. Dabei müssen sie mit Händen und Füßen ständigen Kontakt zum Boden behalten. Sobald ihr Körper die Ziellinie berührt, sind sie sicher. Der stehende Junge ist der Adler. Er sucht sich eine Schildkröte aus und versucht, sie am Vorwärtskommen zu hindern und auf den Rücken zu drehen. Die Schildkröten klammern sich so gut es geht am Fußboden fest. Gelingt es dem Adler, eine Schildkröte so zu drehen, dass sie wenigstens einmal den Boden mit dem Rücken berührt, wird sie selbst zum Adler. Von der Ziellinie geht es zurück zur Grundlinie, nun vielleicht mit zwei Adlern. Gewonnen haben die letzten beiden Schildkröten, die sich gegen die Adler durchsetzen können und eine der beiden Linien überqueren.

Adler-Regeln: Zum Umdrehen dürfen nur die Hände benutzt werden. Nicht erlaubt sind Treten und Schwitzkasten. Die Schildkröten dürfen sich mit Händen und Füßen wehren, ihre Grundstellung aber nicht verlassen.

Ideal ist es, wenn die Jungen Kleidung anhaben, die schmutzig werden darf. Außerdem sollten Sie als Schiedsrichter darauf achten, dass Schildkröten und Adler die Regeln einhalten.

Klammeraffe

Noch etwas zum Austoben für mehrere Jungen:

→ Geben Sie jedem Mitspieler drei Wäscheklammern. Die soll er gut sichtbar an seinem Körper – außer am Kopf und im Genitalbereich – befestigen. Dann geben Sie den Startschuss. Jeder versucht jetzt, so viele Klammern wie möglich von den anderen zu ergattern, ohne dabei seine eigenen zu verlieren. Wer selbst keine Klammer mehr hat, scheidet aus. Schluss ist, wenn nur noch einer Klammern am Körper hat. Sieger sind die beiden, die die meisten Klammern gesammelt haben.

Kreisbrecher

Bei diesem Spiel für mehrere Jungen geht es um Kraft und Geschicklichkeit:

→ Alle Teilnehmer stehen zusammen in einem Kreis und haken die Arme unter. Losen Sie ein oder zwei aus, die versuchen sollen, von außen in die Kreismitte zu gelangen – was die Kreis-Jungen natürlich verhindern sollen. Da kommt's auf Stärke und Raffinesse an. Treten, Boxen, Kratzen sind absolut verboten. Aber wie ist es zum Beispiel mit Kitzeln?

Ringen nach Regeln

Eine gute Möglichkeit für zwei Jungen, ihre Kräfte zu messen:

→ Markieren Sie einen Kreis (etwa fünf Meter Durchmesser) oder ein ähnlich großes Quadrat. Dann werden die Dauer des Kampfes (zum Beispiel drei Minuten) und genaue Regeln festgelegt: den Gegner nur am Körper anfassen, der Kopf ist tabu. Erlaubt sind Schieben, Drücken, Umwerfen, verboten sind Kratzen, Beißen, Spucken, Treten, Boxen. Nun stellen sich die Kontrahenten in die Mitte des Kreises/Quadrates und der Ringkampf beginnt. Sagt einer von beiden »Stopp«, ist vor Ablauf der drei Minuten bereits Schluss.

Herausforderungen: Im Alltag bestehen

Das Leben ist kein Honigschlecken. Das merkt Ihr Sohn schnell genug, wenn er erste Schritte aus seiner elterlichen Trutzburg heraus macht. Schon im Kindergarten und erst recht in der Schule weht ihm ein anderer Wind entgegen als im geschützten familiären Raum. Da heißt es, **KONKURRENTEN** gegenüberzutreten und **KONFLIKTE** zu lösen – am besten ohne die Fäuste sprechen zu lassen. Doch das ist für Jungen angesichts der zunehmenden **GEWALTBEREITSCHAFT** in unserer Gesellschaft einerseits und der gleichzeitig wachsenden Angst, selbst ein Opfer von Gewalt zu werden, andererseits gar nicht so leicht. Etwa fünf Prozent aller Kinder in Schulen und Kindergärten neigen laut einem Bericht des Bundeskriminalamtes zu impulsivem und aggressivem Verhalten. Die Mehrzahl sind Jungen. Denn während Mädchen eher »Zickenalarm« auslösen und indirekt (etwa durch Beleidigungen, Sticheleien) aggressiv werden, zeigen Jungen häufiger offene physische Aggressionen. Unstrittig ist aber auch, dass sie öfter Opfer von Gewalt sind als Mädchen.

Unsere Söhne in Watte zu packen und von allen potenziellen Gefahren fernzuhalten bringt da gar nichts. Sie brauchen **HERAUSFORDERUNGEN IM SOZIALEN BEREICH**, um sich beweisen und an ihnen wachsen zu können. Nur so können sie lernen, mit eigenen Aggressionen umzugehen, Probleme gewaltlos zu lösen und in Konkurrenzsituationen zu bestehen. Und nur so gewinnen sie Selbstbewusstsein und Stärke, die ihnen in heiklen und gefährlichen Situationen helfen. Dafür brauchen sie jedoch Training im zwischenmenschlichen und sozialen Ring. Und natürlich wiederum Sie als zuverlässigen und loyalen »Sparringspartner«.

Machen Sie Ihren Sohn zu einem »guten« Konkurrenten

- Schonen Sie Ihren Sohn bei Wettkämpfen und Spielen nicht aus falscher Rücksichtnahme. Auch kleine Jungen können schon »harmlose« Konkurrenzsituationen verkraften. Spielerische und sportliche Wettkämpfe jeder Art sind eine gute Übung und Vorbereitung aufs wirkliche Leben (→ Seite 122).
- Schenken Sie Ihrem Sohn **SELBSTSICHERHEIT** und **VERTRAUEN** in die eigenen Fähigkeiten, und nehmen Sie ihm so die Angst zu versagen. Geben Sie ihm immer das Gefühl, auch schwierige Situationen meistern zu können. Und wenn etwas nicht klappt, sind ja immer noch Sie da. Dann lässt er sich auch von anderen nicht so schnell verunsichern und einschüchtern.
- Unterstützen Sie ihn dabei, seine eigenen Fähigkeiten, Qualitäten und Stärken realistisch einzuschätzen, auch wenn dies ein längerer Prozess sein wird. So kennt er allmählich seine persönlichen Grenzen besser, hegt keine falschen Erwartungen, weiß eher, was er sich selbst zutrauen kann, und ist bei eventuellen Misserfolgen nicht übermäßig frustriert.
- Sprechen Sie bei allen Spielen und Wettkämpfen, bei denen es um Gewinnen oder Verlieren geht, anschließend mit ihm: Wie hat er sich gefühlt – als Sieger oder als Verlierer? Wie ist es für ihn, eine Niederlage einstecken zu müssen? Versuchen Sie ihn aufzumuntern, und stellen Sie eine Revanche in Aussicht.
- Erzählen Sie ihm von eigenen Fehlern und Niederlagen – und wie Sie damit umgegangen sind.
- Machen Sie Ihrem Sohn deutlich, dass ein **MISSERFOLG AUCH EINE CHANCE**, eine Herausforderung sein kann. Was lässt sich aus der Niederlage eventuell lernen? Was könnte er beim nächsten Mal besser oder einfach anders machen?

Das hilft Ihrem Sohn beim Wettbewerb in der Schule

→ Unterstützen Sie Ihren Sohn bei den Hausaufgaben. Nehmen Sie ihm nichts ab, liefern Sie keine Lösungen, aber geben Sie ihm Hilfestellung und praktische Tipps. Jungen brauchen oft etwas länger als Mädchen, bis sie selbständig arbeiten können. Wer seine Aufgaben jedoch zuverlässig erledigt, hat schon einmal eine gute Ausgangsbasis für den täglichen Konkurrenzkampf in der Schule.

→ Motivieren Sie Ihren Sohn, sich aktiv am Unterricht zu beteiligen und sooft wie möglich mündliche Beiträge zu leisten. Auch ab und zu freiwillig zusätzliche Arbeiten zu übernehmen macht sich gut. Überlegen Sie zusammen, wo seine Stärken liegen – dort kann er sich am einfachsten profilieren. Vielleicht kann er gut Referate halten und die Ergebnisse von Gruppenarbeiten präsentieren, oder er hat tolle Computerkenntnisse und kann anderen an den Klassen-PCs helfen.

→ Machen Sie Ihrem Sohn klar, dass es besser ist, regelmäßig kleine Portionen zu lernen, als sich innerhalb kurzer Zeit viel Lernstoff einprägen zu wollen. Helfen Sie ihm, sein Pensum in überschaubare Einheiten zu unterteilen, und stellen Sie gemeinsam einen Plan fürs Lernen auf.

→ Zeigen Sie Ihrem Sohn ein paar Übungen aus der Angewandten Kinesiologie, mit denen er sich kurz vor einer Klassenarbeit oder einem Referat »fit« machen kann. So kann er seine Ohrmuscheln sanft zwischen Daumen und Zeigefinger massieren. Das macht wach und aufmerksam. Oder er berührt – im Stehen oder im Sitzen – immer abwechselnd mit der rechten Hand das linke Knie und umgekehrt. Diese Überkreuzbewegung bringt das Gehirn in Schwung.

→ Loben Sie Ihren Sohn für seine Leistungen. Aber würdigen Sie nicht nur Topnoten – erkennen Sie auch seine Bemühungen an. Jede Verbesserung – auch wenn es statt 10 »nur« 7 Fehler im Diktat sind – verdient Ihr Lob. Das spornt an.

- Helfen Sie Ihrem Sohn dabei, sich **REALISTISCHE ZIELE** zu setzen, die er auch erreichen kann. Er sollte nichts Unmögliches von sich erwarten. Klappt etwas besser als erhofft, tun Sie das nicht als »glücklichen Zufall« ab. Es ist ein super Erfolg für ihn, den Sie gebührend mit ihm feiern sollten.
- Üben Sie mit Ihrem Sohn, etwas **DURCHZUHALTEN** und nicht vorschnell die Flinte ins Korn zu werfen. Bestehen Sie immer wieder darauf, dass Spiele beendet und angefangene Basteleien fertig gestellt werden, bevor er etwas Neues beginnt. Machen Sie auch klar, dass Durchhalten manchmal anstrengend ist, dass es aber gut und wichtig ist, sich für etwas ins Zeug zu legen.
- Stellen Sie mit Ihrem Sohn zusammen »Kosten-Nutzen-Überlegungen« an. Will er sich beispielsweise in seiner Fußballmannschaft gegenüber anderen hervortun, um endlich Stammspieler zu werden, muss er regelmäßig zum Training gehen und auch am Wochenende immer an den Spielen teilnehmen. Steht dieser Einsatz für ihn in einem guten Verhältnis zum Gewinn? Ist er bereit, ihn zu erbringen?
- Bringen Sie Ihrem Sohn **FAIR-PLAY-REGELN** bei: Andere nicht zu übervorteilen, Schwächen des Konkurrenten nicht fies auszunutzen und keine gemeinen Tricks anzuwenden. Außerdem sollte jeder Konkurrenzkampf – auch wenn es dabei hart zur Sache geht – gewaltfrei ausgetragen und der Verlierer respektvoll behandelt werden.

» Ausdauer und Entschlossenheit sind zwei Eigenschaften, die jedem Unternehmen den Erfolg sichern. «

[Leo Tolstoi | *russischer Schriftsteller (1828–1913)*]

Helfen Sie Ihrem Sohn, seine Aggressionen zu kanalisieren

- Seien Sie auch hier wieder ein gutes **VORBILD** für Ihren Sohn. Eltern, die ihren Frust an ihren Kindern auslassen, die zu harten Strafmaßnahmen greifen und auch mal zuschlagen, müssen sich, wie Studien gezeigt haben, nicht wundern, wenn Jungen aggressiv werden.
- Seien Sie sensibel für die Stimmungen Ihres Sohnes. Nicht hinter jedem lauten Gebrüll stecken Wut und Ärger. Manchmal versuchen Jungen, durch solche lautstarken und handfesten Manöver ihre Ängste, Hilflosigkeit und Unsicherheit zu verbergen. Schauen Sie deshalb genau hin. Umgekehrt kann auch ein nach außen sehr stiller, leiser Junge unbemerkt innerlich mit heftigen Aggressionen oder Depressionen kämpfen.
- **AKZEPTIEREN SIE**, dass Ihr Sohn – genauso wie Sie selbst – **AGGRESSIONEN ENTWICKELT**. Das ist normal und in Ordnung. Nicht in Ordnung ist allerdings, wenn er sie an anderen abreagiert und sogar gewalttätig wird. Zeigen Sie ihm deshalb, wie er seine Wut und seinen Ärger gezielt in Bahnen lenken und seine Aggressionen ausleben kann (→ Seite 135).
- Beziehen Sie **EINDEUTIG POSITION**, wenn es um **GEWALT** geht. Sagen Sie Ihrem Sohn immer wieder klar und deutlich, dass Sie solches Verhalten ablehnen und dass Sie Gewalttätigkeiten in Ihrem zu Hause nicht dulden. Stellen Sie Regeln für den Umgang miteinander auf: Schlagen, Treten, Kratzen, Beißen und das Zerstören von Sachen sind absolut tabu.
- Setzen Sie auch Grenzen bei virtueller Gewalt. Schalten Sie den Fernseher ab, wenn es Ihnen zu brutal wird. Machen Sie klar, dass Sie von Filmen mit Gewaltszenen und »Ballerspielen« für Computer und Konsole nichts halten. Wenn das nicht hilft und Sie (sicher nicht zu Unrecht) die Sorge haben, dass er sich solche Dinge dann eben heim-

lich oder bei seinen Freunden anschaut, fragen Sie sich, was Ihren Sohn an (virtuellen) Gewaltszenarien so fasziniert. Sprechen Sie auch mit Ihrem Sohn darüber. Vielleicht braucht er mehr Abenteuer im realen Leben, die seine Gefühlswelten ansprechen und wo er sich austoben kann? Könnten Sie versuchen, mit Nachtwanderungen, Schatzsuchen, Kletterkursen, Zelturlaub … diesen Wunsch nach mehr »Action« zu befriedigen?

- **SPRECHEN** Sie mit Ihrem Sohn über Aggressionen. Erzählen Sie ihm, worüber Sie sich oft ärgern und wie Sie damit umgehen. Machen Sie ihm aber auch klar, dass man »einfach so« Wut im Bauch haben kann. Es ist nicht nötig, immer nach einem »Schuldigen« oder einer »Ursache« zu suchen. Überlegen Sie dann gemeinsam, wie Ihr Sohn sich am besten Luft machen könnte (Seite 135). Vielleicht weiß er auch etwas, was nur ihm allein gut tut.
- Animieren Sie Ihren Sohn dazu, mit anderen zu sprechen, wenn er ärgerlich ist. Oft hilft es schon, jemandem, dem man vertraut, sein **HERZ AUSZUSCHÜTTEN**. Manchmal ist es auch gut, sich einen Rat zu holen. Bestehen Sie jedoch nicht darauf, dass Ihr Sohn mit seinen Problemen stets zu Ihnen kommt. Vielleicht fällt es ihm leichter, mit Oma oder Opa zu reden oder jemand anderem, dem er vertraut.

» Viel ist daran gelegen, dass man den Kindern freundliche Lehrer und Erzieher gibt. Alles richtet sich nach seiner Umgebung, was noch nicht erstarkt ist. «

[Lucius Annaeus Seneca | *römischer Philosoph (4 v. Chr.–65 n. Chr.)*]

So kann Ihr Sohn Dampf ablassen

→ Die einfachste Möglichkeit, um Aggressionen abzubauen, ist Bewegung. Schicken Sie Ihren Sohn nach draußen, und lassen Sie ihn sich ordentlich austoben oder einen Ball »treten«.

→ Schenken Sie Ihrem Sohn Boxhandschuhe und einen Sandsack. Damit kann er sich nach Herzenslust abreagieren.

→ Schlagen Sie Ihrem Sohn einen Kampf mit Batacas vor (→ Adresse Seite 158). Mit diesen Stoff überzogenen Schaumstoffschlägern kann sich niemand verletzen. Legen Sie genau fest, wie lange der Kampf dauert (zum Beispiel zwei Minuten) und dass nicht auf den Kopf und ins Gesicht geschlagen wird. Möchte einer den Kampf vorzeitig beenden, macht er ein Zeichen. Am Ende geben sich beide als Zeichen des Respekts vor dem Gegner die Hände.

→ Machen Sie mit Ihrem Sohn eine Kissenschlacht. Auch hier gilt: Vorher genaue Regeln aufstellen. Hält Ihr Sprössling sich nicht daran, brechen Sie die Aktion sofort konsequent ab.

→ Ebenfalls gut zum Abreagieren: eine Trommel oder ein Schlagzeug. Klaviertasten können auch einiges verkraften. Hauptsache Ihre Nachbarn und Ihre eigenen Ohren ebenfalls!

→ Manche Jungen brauchen, wenn sie innerlich kochen, dringend ihre Ruhe. Sie ziehen sich zurück, spielen, hören Musik. Ist das auch die Art Ihres Sohnes, sprechen Sie ihn besser nicht an. Sonst explodiert er erst recht. Geben Sie ihm die Zeit, die er braucht, für seine negativen Gefühle. Bohren Sie nicht ständig nach, sondern akzeptieren Sie sein zeitweiliges Einigeln – aber signalisieren Sie ihm, dass Sie jederzeit für ihn da und zum Reden bereit sind.

→ Schenken Sie Ihrem Sohn, wenn er schon zur Schule geht, ein schönes Tagebuch. Ihm kann er anvertrauen, was ihn ärgert, wütend und traurig macht.

- Stellen Sie klare Regeln für den Gebrauch von **SPIELZEUGWAFFEN** auf. Sie komplett zu verbieten nützt meist nichts. Dann »schießt« Ihr Filius auch mit einem Stück Holz. Doch niemand kann von Ihnen erwarten, dass Sie schon mit einem »Revolverhelden« am Frühstückstisch sitzen. Bestehen Sie auf waffenfreien Zonen und Zeiten.
- Regen Sie im Kindergarten oder der Grundschule Ihres Sohnes ein **PROJEKT ZUR GEWALTPRÄVENTION** an. Dafür gibt es inzwischen verschiedene Programme. Eines davon ist »Faustlos« vom »Bündnis für Kinder – gegen Gewalt« in München (Adressen Seite 157).

Üben Sie mit Ihrem Sohn, Konflikte zu lösen

- Konflikte sind keine Katastrophe. Machen Sie das Ihrem Sohn von klein auf klar. Ohne Meinungsverschiedenheiten und Interessenskonflikte geht's im Leben nicht. Sie unter den Teppich zu kehren und sich aus falsch verstandenem Harmoniebedürfnis vor der Auseinandersetzung zu drücken ist kein Ausweg. Wichtig ist jedoch, **FAIR MITEINANDER ZU STREITEN** und eine konstruktive Lösung zu suchen. Bei Erwachsenen oder in der Politik kennt man für konstruktive Kompromisse den Ausdruck, dass jeder »sein Gesicht wahren« kann.
- Tragen Sie Streitigkeiten mit Ihrem Partner nur vor Ihrem Sohn aus, wenn Sie beide wirklich in der Lage sind, Ihre Auseinandersetzung ruhig und sachlich zu führen, oder wenn Sie wissen, dass Sie am Ende auch einlenken können. Dann kann er daraus sogar lernen, wie Sie mit Konflikten umgehen. Eltern, die sich gegenseitig nur beschimpfen und verletzen, ohne Ausweg am Ende, sind kein gutes Vorbild.
- Bemühen Sie sich, auch bei Streitigkeiten mit Ihrem Sohn gelassen zu bleiben. Lassen Sie sich nicht von ihm provozieren und in Machtspielchen verwickeln. Verteidigen Sie Ihre Grenzen konsequent, bestehen

Sie auf der Einhaltung von Regeln, und vertreten Sie klar Ihre Meinung (Seite 93/94). Brechen Sie aber auch ab, wenn Ihr Sohn ausfallend wird, oder versuchen Sie, die aggressive Grundenergie in ein gemeinsames, lebendiges Lachen münden zu lassen. Dazu eignen sich – aber nur in bestimmten Situationen – überzogene Schimpfwörter: »Du Hornochse!«, »Du Bulldozer!«, »Du Kaltspüler!« Wenn Sie so versuchen, sich gegenseitig zu übertrumpfen, werden Sie bald zu lachen anfangen.

- Fragen Sie Ihren Sohn immer nach seinem Lösungsvorschlag für ein Problem: »Wie würdest du dich verhalten?« Oft haben Kinder ganz ungewöhnliche Ideen.
- Lösen Sie Konflikte zu Hause im Rahmen einer **FAMILIENKONFERENZ**. Jeder hat das Recht, eine solche Zusammenkunft einzuberufen und seine Interessen und Bedürfnisse dort zur Sprache zu bringen. Alle anderen müssen ihn anhören. Dann wird gemeinsam nach einer Lösung gesucht.

> **Probleme** sind Gelegenheiten zu zeigen, was man **kann.**
>
> [Duke Ellington | *amerikanischer Jazzmusiker und Komponist (1899–1974)*]

- Seien Sie **NACHSICHTIG**, wenn Ihr Sohn in der Hitze eines Gefechts mit Ihnen doch mal über die Stränge schlägt. Es ist noch kein Streitkünstler vom Himmel gefallen! Reagieren Sie möglichst nicht sauer oder eingeschnappt und bestrafen Sie ihn nicht. Aber sagen Sie ihm schon, dass Sie verletzt sind, sich unverstanden fühlen oder traurig sind. Auch daraus kann er eine Lehre für künftige Konflikte ziehen.

TIPP

So lassen sich Konflikte lösen

→ Ist ein Streitpunkt da, nicht impulsiv reagieren. Gestritten wird mit Worten, nicht mit Fäusten – möglichst sachlich, höflich und mit Respekt voreinander. Oder alle Seiten dürfen für einen kurzen Augenblick Dampf ablassen (→ Kasten Seite 135).

→ Anerkennen, dass die Gegner unterschiedliche Interessen und Meinungen haben. Jeder Standpunkt hat genauso seine Berechtigung wie der andere.

→ Gegenseitige Schuldzuweisungen vermeiden. Stattdessen nach einer einvernehmlichen Lösung des Konfliktes suchen.

→ Dazu als Erstes genau klären, worin der Konflikt besteht. Jeder der Kontrahenten kommt zu Wort und sagt so klar und deutlich wie möglich, was er will beziehungsweise nicht will.

→ Gemeinsam überlegen, wie sich der Konflikt lösen lässt.

→ Lösungsvorschläge sichten und sortieren. Der beste ist derjenige, der die Interessen aller Beteiligten so weit wie möglich berücksichtigt. Dann gibt es weder Sieger noch Verlierer!

→ Ist eine solche Lösung nicht sofort in Sicht, einen tragfähigen Kompromiss aushandeln.

→ Im Alltag ausprobieren, ob die Lösung funktioniert. Wenn nicht, muss nachgebessert werden.

→ Lässt sich partout keine Lösung finden, müssen alle damit leben, dass sich die gegensätzlichen Standpunkte in diesem Streitfall nicht überbrücken lassen. Sie müssen dann toleriert werden. Vielleicht kann man nach einem Ausgleich suchen, wo und wann die Interessen des anderen zum Zuge kommen können.

→ Zum Schluss bestätigen alle am Streit Beteiligten das (vorläufige) Ende der Auseinandersetzung, wenn dies möglich ist mit Handschlag.

- Ist ein Streit wirklich nicht so glücklich gelaufen, hat Ihr Sohn vielleicht etwas gesagt, was er hinterher bereut, oder seinen Kontrahenten gekränkt, überlegen Sie gemeinsam, wie er diese Verletzungen **WIEDER GUTMACHEN** kann. Reicht eine Entschuldigung? Möchte er durch ein kleines Geschenk ausdrücken, dass es ihm leidtut? Gibt es eine andere Möglichkeit?
- Helfen Sie Ihrem Sohn, sich auch in der **SCHLICHTUNG VON KONFLIKTEN** zu üben (→ Seite 138). Fragen Sie ihn zum Beispiel, wenn zwei andere Kinder sich streiten, wie er das Problem lösen würde. Nutzen Sie Buchszenen beim Vorlesen, um darüber zu sprechen. Oder machen Sie mit ihm ein kleines Rollenspiel: Sie übernehmen mit verstellter Stimme den Part der beiden Streithähne, Ihr Sohn ist der Schlichter und soll zwischen beiden vermitteln.

Gestehen Sie Ihrem Sohn zu, dass er sich abgrenzt

- Machen Sie Ihrem Sohn klar, dass jeder das Recht auf seine Eigenarten und Besonderheiten, aber auch auf seine ganz persönlichen Grenzen hat. Betonen Sie immer wieder, dass jeder verschieden ist, und werten Sie andere Menschen nicht ab, weil sie anders sind.
- Ermutigen Sie Ihren Sohn, seine **EIGENEN GRENZEN** zu entdecken und abzustecken. Er sollte stets klar und deutlich sagen, was ihm nicht gefällt, ihm Angst macht und unangenehm ist.
- Tolerieren Sie, wenn Ihr Sohn (vielleicht phasenweise?) keinen Körperkontakt mit Ihnen möchte. **KÜSSEN AUF KOMMANDO IST TABU!** Gerade bei körperlicher Nähe und Zärtlichkeiten sollten Sie die von ihm gezogenen Grenzen keinesfalls überschreiten. Halten Sie stattdessen – vor allem in der Öffentlichkeit – den gewünschten Abstand.
- Nehmen Sie es gelassen, wenn Ihr Sohn Ihnen nicht mehr alles sofort erzählt. Irgendwann braucht er einfach mehr Eigenständigkeit.

- Akzeptieren Sie, dass irgendwann alles Weibliche nur noch »blöd« ist. Drängen Sie Ihren Sohn nicht dazu, wie bisher mit Schwestern, Nachbarmädchen und Klassenkameradinnen zu spielen – es würde nur unnötig Krach geben. Besser er verbringt seine Zeit mit anderen Jungen. Aber bestehen Sie darauf, dass er **MÄDCHEN** auch weiterhin **MIT RESPEKT BEHANDELT**. Und verbitten Sie sich frauenfeindliche Minimacho-Sprüche und zotige Witze! Oder provozieren Sie ihn selbst spaßeshalber mit entsprechenden Zoten von Mädchen über Jungen. Aber bringen Sie anschließend wieder alles ins Lot.
- Erklären Sie Ihrem Sohn, dass er jederzeit **»NEIN« SAGEN DARF**, wenn er etwas nicht mag – selbst wenn jemand ihm etwas vermeintlich Gutes tun möchte. Er sollte sich von niemand unter Druck setzen lassen. Doch er sollte nur »Nein« oder »Ja« sagen, wenn er es auch wirklich ernsthaft so meint. Ist er noch unsicher, sollte er noch einmal genau überlegen. Bei jedem »Vielleicht« oder »Ja, aber ...« sollte ihm unbedingt weitere Bedenkzeit eingeräumt werden.
- **ÜBEN SIE MIT IHREM SOHN DAS NEIN-SAGEN**, falls er Probleme damit hat. Das ist oft ganz schön schwierig – das wissen Sie vielleicht selbst. Am besten trainieren Sie es deshalb bei harmlosen Alltagsthemen oder probieren Varianten vor dem Spiegel oder im Spiel (→ Seite 142) aus. Wichtig dabei: Nicht zu leise und zaghaft bleiben, sondern wirklich mit fester Stimme und nachdrücklicher Körperhaltung ein unumstößliches »Nein« aussprechen.

»**Verantwortlich** ist man nicht nur
für das, was man **tut**,
sondern **auch** für das,
was man **nicht** tut.«

[Lao-tse | *chinesischer Philosoph (6. Jahrhundert v. Chr.)*]

Die schönsten spielerischen Herausforderungen

Mein Standpunkt

Manchmal ist es gar nicht so leicht, standhaft zu bleiben. Das beweist auch dieses kleine Spiel:

→ Ihr Sohn stellt sich einem Freund gegenüber, zwei bis drei Fußlängen auseinander. Sobald beide einen sicheren Stand haben, heben sie die Hände. Nun versuchen sie, sich durch Klatschen der Hände auf die Handflächen des anderen gegenseitig aus dem Gleichgewicht zu bringen. Um den Klatschern zu entgehen, dürfen die Hände ausweichen. Nicht erlaubt ist es, sein Gegenüber an anderen Körperstellen zu berühren oder mit Fäusten auf die Handflächen zu boxen. Wer zuerst ins Schwanken gerät und einen Fuß versetzen muss, hat verloren. Der »Standhafte« bekommt einen Punkt. Dann kann es in die nächste Runde gehen.

Nah und fern

Die eigenen Grenzen zu wahren, nur so viel (körperliche) Nähe zuzulassen, wie es noch angenehm ist, erfordert viel Sensibilität für seine ganz persönlichen Bedürfnisse. Diesen kann Ihr Sohn im Spiel mit einem Freund auf die Spur kommen:

→ Dazu stellen sich beide einander gegenüber und schauen sich in die Augen. Nun fordern Sie einen von beiden auf, sich vom anderen weg und wieder auf ihn zu zu bewegen – bis er die »richtige«, also für ihn angenehme Entfernung gefunden hat. Stimmt die Distanz, wird gewechselt. Der andere bewegt sich, bis auch für ihn die Entfernung richtig ist. Zum Schluss bewegen sich beide und versuchen gemeinsam, die richtige Entfernung zueinander zu finden. Vielleicht ist es möglich, das Spiel anschließend mit einem anderen Partner zu machen. Wie ist die Distanz dieses Mal? Machen Sie diese Übung ruhig auch einmal selbst mit einem Freund oder Bekannten – Sie werden feststellen: Da passiert innerlich so einiges, was auf- und anregend ist.

Dampf ablassen

Zeigen Sie Ihrem Sohn, wie er übers Atmen im wahrsten Sinne des Wortes Dampf ablassen kann:

→ Am besten stellt er sich gerade hin und winkelt seine Arme an. Dann lässt er abwechselnd den linken und den rechten Arm nach vorn, nach unten oder zur Seite schnellen, die Hand kann zur Faust geballt sein oder einfach weggestreckt werden. Wichtig ist, dass er dabei kräftig ausatmet, die Luft richtig ausstößt, am besten mit einem lauten »Ha«. Allmählich sollte er mit den Bewegungen und dem Ausatmen schneller werden – so lange, bis er selbst das Gefühl hat, nun ist es gut.

Ja und Nein

Das Ja- und Nein-Sagen kann man üben – dann weiß man im »Ernstfall«, wie es sich anfühlt, wenn man nicht einer Meinung ist:

→ Für das Spiel stellen sich Ihr Sohn und sein Freund einander gegenüber und suchen nach einer einfachen Frage, zum Beispiel: »Hilfst du mir beim Aufräumen?« Dann beginnt einer, auf die Frage mit einem »Ja« zu antworten, während der andere mit einem »Nein« reagiert. So geht es zwei bis drei Minuten abwechselnd weiter. Die Kinder dürfen und sollen dabei die Stimme verändern und laut, leise, drohend, bittend, beharrlich oder trotzig sprechen. Sie dürfen auch weitere Begriffe für das »Ja« oder »Nein« benutzen, zum Beispiel: »Klar doch, aber sicher, jetzt erst recht, natürlich!« oder »Auf keinen Fall, bloß nicht, niemals!« Dann tauschen beide das »Ja« und das »Nein« für eine zweite Runde.

Reden Sie anschließend darüber: Was war schwerer durchzuhalten – das »Ja« oder das »Nein«? Und wie fühlte sich das an? Bei welchem Wort spürten die beiden mehr Kraft in der Stimme? Wollte jemand nachgeben oder das Spiel vorzeitig beenden? Am Ende könnten Sie zusammen kurz überlegen, wie es denn im richtigen Leben so ist: Sage ich lieber »Ja« oder »Nein«? Und woran liegt das wohl?

Die Brille meines Gegners

Wer einen Streit fair lösen will, muss auch den Standpunkt seines Kontrahenten verstehen, den Konflikt mit seinen Augen sehen:

→ Basteln Sie Ihrem Sohn und sich eine Pappbrille. Wenn Sie mal wieder miteinander streiten, setzt zunächst er Ihre Brille auf. Dann beginnt er, das Problem aus Ihrer Perspektive zu schildern: »Ich bin sauer, weil...« Danach setzen Sie seine Brille auf und versuchen, seine Sichtweise auszudrücken. Vielleicht lässt sich, wenn jeder durch die Brille des anderen auf den Konflikt schaut, schneller eine Lösung finden. Das können Sie natürlich auch machen, wenn zwei Kinder miteinander Streit haben. Am besten spielen Sie dann den Moderator.

Die große Jagd

Das ist eine echte Herausforderung für eine Jungengruppe:

→ Losen Sie einen Jungen aus, der zu Beginn der Jäger ist. Die anderen Jungen verteilen sich im Raum oder besser noch im Freien. Der Jäger muss sie durch eine Berührung am Körper »abschlagen«. Das Abschlagen gilt jedoch nur, wenn der andere »frei« ist, das heißt keine Verbindung zu einem anderen »Gejagten« hat. Sobald sich zwei oder mehr berühren, sind sie sicher, und der Jäger hat keine Chance. Erwischt er doch jemand, wird derjenige zum Jäger. Schluss ist, wenn alle sich genügend ausgetobt haben.

Männliche Vorbilder: Lernen am »Modell«

»Zur Erziehung eines Kindes braucht man ein ganzes Dorf«, sagt ein afrikanisches Sprichwort. Eine schöne Vorstellung! Junge und Alte, Frauen und Männer, alle mit den unterschiedlichsten Eigenarten und Fähigkeiten, die ein Kind auf seinem Weg ins Leben begleiten und ihm jeweils das Beste von sich selbst mitgeben. Das würde auch unseren Söhnen sehr gut tun! Schenken wir ihnen deshalb ihr ganz **PERSÖNLICHES »DORF«**, das sich um sie kümmert.

Der wichtigste männliche »Dorfbewohner« mit Vorbildfunktion ist natürlich der **EIGENE VATER**. Den brauchen Jungen dringend an ihrer Seite. Glücklicherweise scheint die Zeit der »vaterlosen Gesellschaft«, die der berühmte Frankfurter Psychoanalytiker Professor Alexander Mitscherlich schon vor mehr als 40 Jahren kritisierte, allmählich ihrem Ende entgegenzugehen. Väter sind heute eher bereit, sich an der Erziehung ihrer Kinder zu beteiligen. Um tatsächlich »Dauerbewohner« im Dorf ihrer Söhne zu sein, sollten viele Väter aber ruhig noch mehr Engagement und Präsenz zeigen – und die Mütter sollten sie willkommen heißen und ihnen ohne Eifersüchteleien möglichst viele Gelegenheiten dazu geben, vielleicht auch einmal den Platz für sie räumen.

Andererseits müssen und sollten Väter den männlichen Part auch nicht allein schultern. Ebenso wie es verschiedene Frauen im Alltag unserer Söhne gibt, sollten sie auch mit den unterschiedlichsten männlichen Vorbildern in Kontakt kommen. Laden Sie deshalb gezielt **ANDERE MÄNNER** ein, sich im »Dorf« Ihres Sohnes anzusiedeln, um mit Ihnen gemeinsam an seiner Erziehung mitzuwirken. Das gilt besonders, wenn Sie allein erziehend sind und der leibliche Vater nicht bereit ist, sich um seinen Sohn zu kümmern. Natürlich sollten auch

ANDERE JUNGEN nicht fehlen, mit denen Ihr Sohn Freuden wie Probleme teilen und vielleicht sogar mal an einem echten Lagerfeuer sitzen kann. Ein solches »Dorf« wird sein Leben ungemein bereichern und ihm helfen, seinen ganz eigenen Platz darin zu finden.

Werden Sie ein aktiver Vater

- Verbringen Sie so viel Zeit wie nur möglich mit Ihrem Sohn. Schaffen Sie sich Freiräume im Alltag, um mit Ihrer Familie oder Ihrem Sohn allein zusammen sein zu können – auch wenn Sie dafür vielleicht kurzfristig auf etwas anderes verzichten müssen. Ihr Sohn braucht Sie jetzt, nicht erst, wenn Sie den nächsten Karriereschritt geschafft oder Ihr Motorrad verkauft haben.
- Nehmen Sie AKTIV AM LEBEN Ihres Sohnes teil. Tragen Sie seine Termine notfalls mit in Ihren Kalender ein. Das zeigt ihm, dass er Ihnen wichtig ist. Helfen Sie ruhig mal bei der Gartenarbeit im Kindergarten mit. Gehen Sie zu seinen Schul- und Sportveranstaltungen, zu Theatervorführungen sowie Spielfesten, und lernen Sie dabei auch seine Freunde kennen.
- Überlegen Sie sich etwas, das nur Sie und Ihr Sohn zusammen haben und miteinander teilen: ein ganz besonderes RITUAL, eine bestimmte Aktivität oder einen Kosenamen für Ihren Sohn – irgendetwas exklusiv nur für Sie beide.
- Überraschen Sie Ihren Sohn öfter mal spontan mit zusätzlicher Zeit: »Heute komme ich schon früher nach Hause, da können wir zusammen ins Schwimmbad gehen.«
- Machen Sie gemeinsam mit Ihrem Sohn Sport. Ob Trimm-Pfad oder Fußballspielen ist egal – Hauptsache, Sie haben beide Spaß dabei. Nehmen Sie das »Training« aber nicht zu ernst!
- Laden Sie Ihren Sohn zu »MÄNNERAUSFLÜGEN« und »frauenfreien« Aktivitäten ein (→ Seite 148).

4

- **BASTELN UND WERKELN** Sie mit Ihrem Sohn. Bauen Sie zusammen ein Vogelhaus oder einen Nistkasten, streichen Sie eine Wand an, bohren Sie Löcher für ein Wandregal, reparieren Sie ein zerbrochenes Spielzeug, oder graben Sie das Gemüsebeet um.
- Bauen Sie zusammen – wenn Sie die Möglichkeit dazu haben – ein

TIPPS FÜR MAMAS

Seien Sie keine Spielverderberin

- Freuen Sie sich, wenn Vater und Sohn gemeinsam etwas unternehmen. Seien Sie nicht neidisch und eifersüchtig, sondern schmieden Sie eigene Pläne für die gewonnene Freizeit. Und genießen Sie sie auch!
- Falls Sie noch eine Tochter haben, nutzen Sie die Zeit, um mit ihr zusammen »Frauenausflüge« zu machen und Dinge zu unternehmen, an denen Sie beide Freude haben. Später kann sich die ganze Familie bei einem gemeinsamen Essen gegenseitig ihre Erlebnisse berichten. Und ein anderes Mal können Sie tauschen, und Sie sind mit Sohnemann unterwegs, während Ihre Tochter den Papa allein genießt!
- Verkneifen Sie sich alle gut gemeinten Ratschläge. Und verunsichern Sie Vater und Sohn nicht durch Überängstlichkeit. Telefonieren Sie nicht ständig hinter ihnen her, und fordern Sie keine Rechenschaft über jeden ihrer Schritte. Vertrauen Sie Ihrem Partner. Lassen Sie Ihre Männer mal ihr eigenes Ding machen. Es wird schon klappen – auch ohne Sie!
- Meckern Sie nicht hinterher über schmutzige Kleidung, zerrissene Hosen, einen Schnupfen oder das Fast-Food-Essen. Hauptsache, Vater und Sohn hatten Spaß zusammen.

BAUMHAUS oder eine Kinderhütte. Ist das Projekt abgeschlossen, gibt es eine zünftige Einweihungsfeier für die ganze Familie.

- Zeigen Sie Ihrem Sohn Ihren ARBEITSPLATZ. Erklären Sie ihm, was Sie tun, wenn Sie nicht zu Hause sind, und stellen Sie ihm dabei auch gleich Ihre Kollegen vor. Vielleicht kann er Sie mal einen ganzen Tag lang begleiten. Ist das in Ihrer Firma nicht erlaubt, ist ein kurzer Besuch besser als nichts. Wenn auch der nicht möglich ist, gibt es ja vielleicht alternativ einen Tag der offenen Tür oder ein Betriebsfest, bei dem der Nachwuchs willkommen ist?
- KOCHEN ODER BACKEN Sie zusammen mit Ihrem Sohn. Planen Sie, was Sie machen wollen, kaufen Sie ein, und dann geht's in die Küche. Wie wär's mit Muffins für seine Geburtstagsfeier? Einem Kuchen für den Besuch bei den Großeltern? Oder mit einem Überraschungsmenü für Mama? Wichtig: Auch das gemeinsame Aufräumen und Saubermachen hinterher gehören dazu!
- Machen Sie FOTOS von sich und Ihrem Sohn, und hängen Sie großformatige Abzüge davon in der Wohnung auf. Stellen Sie ein Foto von Ihnen beiden auf Ihren Schreibtisch oder an Ihren Arbeitsplatz. Ein kleines passt auch wunderbar in die Brieftasche. Wenn Sie auch noch eine Tochter haben, kommen Fotos von ihr mit Ihnen natürlich daneben!

» Ein Junge weiß, dass er zum Mann heranwächst. Deshalb muss er sich bei einem männlichen Vorbild die nötige Software besorgen, um sich in die richtige Richtung zu entwickeln. «

[Steve Biddulph | *australischer Familientherapeut*]

Unternehmungen für Papa und Sohn

→ Packen Sie einen Picknick-Rucksack, streifen Sie mit Ihrem Sohn durch den Wald, und suchen Sie Tierfährten.

→ Bauen Sie zusammen einen Drachen, und lassen Sie ihn steigen.

→ Erkunden Sie Ihre nähere Umgebung. Ein Bahnhof, Flughafen oder Flohmarkt bieten viel für große und kleine Entdecker.

→ Besuchen Sie den Zoo oder einen Wildpark, und beobachten Sie die Tiere.

→ Gehen Sie ins Museum oder in eine Kunstausstellung. Fast überall gibt es spezielle Kinderprogramme. Erkundigen Sie sich danach.

→ Kehren Sie zusammen mit Ihrem Sohn in Ihre eigenen Kindertage zurück. Ihr Kindergarten, Ihre frühere Schule, der Weg von zu Hause dorthin, Ihr Lieblingsspielplatz oder der Laden, wo Sie gern Süßigkeiten gekauft haben – begeben Sie sich auf Spurensuche. Was ist noch so, wie es in Ihrer Jungenzeit war? Was ist verschwunden? Und was empfinden Sie dabei?

→ Suchen Sie »Schätze« auf einem Schrottplatz. Nehmen Sie ein altes Radio auseinander, oder bauen Sie aus Ihren Fundstücken eine Fantasieskulptur.

→ Machen Sie Gipsabdrücke von Händen oder Füßen – Papas große neben die kleinen des Filius. Dazu Gipsmasse (aus dem Bastelladen) anrühren, etwa zwei bis drei Zentimeter dick in einen mit Folie ausgelegten Karton oder ein ebenso geschütztes Tablett gießen und dann die Hände/Füße hineindrücken. So können Sie zusammen beobachten, wie der Größenunterschied mit der Zeit mehr und mehr schwindet.

→ Basteln Sie gemeinsam einen Familienstammbaum. Suchen Sie alte Fotos von Groß- und Urgroßeltern, Tanten und Onkeln, betreiben Sie ein wenig »Ahnenforschung«, ordnen Sie die Ahnenreihe, und kleben Sie dann alles auf – zuletzt natürlich auch Fotos von Ihnen und Ihrem Sohn.

Knüpfen Sie mit Ihrem Sohn Kontakte zu anderen Männern

- Sind Sie Mitglied in einem Verein oder Club? Nehmen Sie Ihren Sohn, wenn das möglich ist, mit. Vielleicht kann er ab einem gewissen Alter dort selbst aktiv werden.
- Pflegen Sie gezielt Kontakte zu den Vätern von Freunden, Kindergarten- und Schulkameraden Ihres Sohnes und zu anderen Vätern in Ihrer Nachbarschaft. So ergeben sich schneller Gelegenheiten für gemeinsame Aktivitäten von Groß und Klein.
- Gehen Sie zu VÄTER-TREFFEN, Männer-Frühstücken oder ähnlichen Terminen zum Beispiel bei Familienbildungsstätten, Kirchengemeinden und Väterinitiativen. Dort lernen Sie Männer kennen, deren gegenwärtige Lebensverhältnisse den Ihren gleichen und mit denen Sie und Ihr Sohn gemeinsam etwas unternehmen können.
- Organisieren Sie GENERATIONENTREFFS. Nehmen Sie zum Beispiel einen Opa oder beide Großväter Ihres Sohnes zu Ihren »Männerausflügen« mit. Besuchen Sie einen Großonkel. Oder laden Sie den netten älteren Herrn von nebenan zum Kartenspielen ein.
- Besuchen Sie mit Ihrem Sohn Kurse für Väter und Söhne an Volkshochschulen und Familienbildungsstätten. Das Angebot wird immer breiter: Kochen, Backen, Töpfern oder Bildhauern. Oder animieren Sie die örtlichen Einrichtungen, ein solches Angebot zu machen.
- Nutzen Sie Ihr »VÄTER-NETZWERK«, wenn Sie Unterstützung für Ihren Sohn suchen: Sie haben beispielsweise selbst keine Zeit, zum Fußballturnier mitzufahren – welcher Vater kann Ihren Sohn mitnehmen? Ihr Sohn möchte unbedingt angeln, Sie haben dies noch nie getan – wer ist Mitglied im Angelverein und kann es ihm vielleicht zeigen?
- Suchen Sie möglichst gezielt Männer als Trainer für Ihren Sohn. Er hat in anderen Bereichen schon genug Frauen um sich.

Fördern Sie Freundschaften zu anderen Jungen

- Heißen Sie die **FREUNDE IHRES SOHNES** stets willkommen. Seien Sie ihnen gegenüber offen und neugierig. Interessieren Sie sich dafür, mit welchen Jungen Ihr Sohn spielt und was die Jungen zusammen machen und vorhaben.
- Bleiben Sie gelassen, wenn Ihnen ein Freund Ihres Sohnes oder dessen Familie nicht ganz so gut gefällt. Beobachten Sie die Freundschaft, aber unterbinden Sie sie nicht. Bestehen Sie auf Einhaltung der bei Ihnen gültigen Regeln, aber halten Sie sich ansonsten aus der Freundschaft heraus.
- Sprechen Sie mit Ihrem Sohn darüber, was ihm an seinen Freunden gefällt und was vielleicht nicht. Überlegen Sie zusammen, was die **FREUNDSCHAFT** ausmacht, warum sie ihm wichtig ist und wie sie weitergehen kann.
- Laden Sie den besten Freund Ihres Sohnes ein, das **WOCHENENDE** bei Ihnen zu verbringen. So haben die beiden Jungen viel Zeit am Stück miteinander. Vielleicht kann Ihr Sohn dann im Gegenzug auch mal für ein Wochenende zu der anderen Familie gehen.
- Nehmen Sie bei **FAMILIENAUSFLÜGEN** oder Ihren Vater-und-Sohn-Aktivitäten Freunde Ihres Sohnes mit, und planen Sie bei Aktivitäten zu Hause Gäste mit ein. Ein Zelt lässt sich auch im Garten aufstellen, damit drei Jungen darin eine spannende Nacht verbringen können.
- Schicken Sie Ihren Sohn, wenn er alt genug ist und Lust dazu hat, zum Jugendtreff einer Umweltorganisation oder zu Ferienaktionen von Gemeinden. Überall kann er neue Freundschaften schließen.
- Bieten Sie als Vater an, mit Ihrem Sohn und **ALLEN SEINEN FREUNDEN** mal zum Kegeln, ins Kino oder zum Schwimmen zu gehen. Vielleicht kann das nächste Mal ein anderer Vater mit allen Jungen etwas unternehmen.

Genießen Sie mit Ihrem Sohn »Männerfreuden«

→ Brechen Sie ab und zu mal zusammen mit Ihrem Sohn aus dem Alltag aus. Egal, ob ein freier Nachmittag oder eine ganze Vater-und-Sohn-Woche – machen Sie einfach etwas, was Sie bisher noch nie getan haben. Wozu hätten Sie mal Lust?

So könnten Männeraktionen aussehen

1 → Machen Sie eine Fahrrad- oder Kanutour.

2 → Gehen Sie zelten.

3 → Schauen Sie zusammen ein Fußballspiel im Stadion an.

4 → Bauen Sie im Wald ein »Indianerlager« auf.

5 → Gehen Sie auf Nachtwanderung und jagen Sie Gespenster.

6 → Lernen Sie gemeinsam jonglieren.

7 → Richten Sie ein Go-Cart- oder Bobbycar-Rennen aus.

8 → Absolvieren Sie ein Fahrradtraining mit Geschicklichkeitsprüfung am Ende.

9 → Bauen Sie ein Floß und lassen Sie es zu Wasser.

- Fahren Sie mit Ihrem Sohn in Urlaub. Schon ein Trip übers Wochenende kann toll sein! Fahren Sie zusammen ans Meer, in die Berge, an einen See oder in eine nahe gelegene Jugendherberge. Nehmen Sie dabei wirklich alles selbst in die Hand: Suchen Sie zusammen ein Ziel aus, planen Sie Ihre Reise und packen Sie alles allein.
- Nehmen Sie an »**VATER-KIND-FREIZEITEN**« teil. Viele Familienbildungsstätten, Kirchengemeinden und Naturschutzverbände haben ein breites Angebot an Veranstaltungen für Väter und Söhne.
- Organisieren Sie zusammen mit anderen Vätern für sich und Ihre Söhne »**MÄNNERAKTIONEN**«.
- Schenken Sie Ihrem Sohn zu besonderen Anlässen ein **GANZ BESONDERES ERLEBNIS** mit Ihnen. Wie wäre es zum Beispiel zur Einschulung oder zum Übertritt auf die höhere Schule mit einem »Survival-Wochenende« im Naturpark? Zeigen Sie ihm dadurch, dass er einen neuen Abschnitt in seinem Leben erreicht hat und Sie sich mit ihm zusammen darüber freuen.
- Gönnen Sie Ihrer Partnerin ein nettes Wochenende mit ihrer besten Freundin oder ein Wellness-Verwöhnprogramm – und sich und Ihrem Sohn zu Hause eine »sturmfreie« Wohnung, in der Sie Ihre »frauenfreie« Zeit nach Herzenslust genießen. Bestimmt eine tolle gemeinsame Erfahrung!

» Freundschaft ist das Geschenk der Götter und die kostbarste Gabe für den Menschen. «

[Benjamin Disraeli | *englischer Staatsmann (1804–1881)*]

Die schönsten Spiele für Väter und Söhne

Männer suchen

Das können Väter gut mit ihrem Sohn machen:

→ Sehen Sie sich zusammen Zeitschriften an, und suchen Sie Bilder heraus, auf denen Männer zu sehen sind. Sprechen Sie miteinander: Was gefällt Ihrem Sohn, was Ihnen selbst an diesem Mann? Was nicht? Wie werden Männer häufig dargestellt? Wie sieht man Männer selten? Wie sollten Sie eher dargestellt werden?

Mein Vater und ich – Mein Sohn und ich

→ Nehmen Sie sich jeder ein DIN-A3-Blatt und Buntstifte, und malen Sie ein Bild. Thema: Meine Beziehung zu meinem Vater/Sohn. Jeder kann das malen, was er möchte – eine einzelne Szene, die Ihr Verhältnis zueinander ausdrückt, oder verschiedene Stationen in Ihrem Leben, die Sie miteinander erlebt haben. Nach 20 Minuten ist Schluss. Dann betrachten Sie zusammen Ihre Kunstwerke. Weiß der andere jeweils, was der Maler gemeint hat?

Rollentausch

→ Heute ist alles anders. Sie schlüpfen – solange es Ihnen beiden Spaß macht – in die Rolle Ihres Sohnes, und er spielt in dieser Zeit den Papa. Suchen Sie sich jeder ein typisches Accessoire aus, an dem Sie beide erkennen können, wer Sie jetzt sind: zum Beispiel eine Krawatte für Sohnemann und eine Baseballmütze für Sie. Versuchen Sie, auch Ihre Stimmen etwas zu verändern. Dann kann es losgehen. Was »Söhnchen« wohl alles anstellen und »Papa« an den Kopf werfen wird? Und worüber »Papa« wohl meckert? Das wird spannend – auch für Mama!

Maschinenpark

Dieses Spiel eignet sich für mindestens sechs Personen jeden Alters:

→ In einem Raum mit etwas Platz stellt sich jemand in die Mitte und beginnt, eine einfache Bewegung zu machen, die er für Männer typisch findet, zum Beispiel: eine Hand zieht eine Schraube an, ein Arm weist abwechselnd auf zwei Punkte in der Ferne. Dazu macht er ein kurzes Geräusch. Während er Bewegung und Geräusch fortsetzt, kommt ein Zweiter hinzu und beginnt mit einer anderen Bewegung und einem Geräusch. Dann folgt der Dritte und so fort, bis das Kunstwerk aus Bewegungen und Geräuschen komplett ist.

Buntes Männerleben

Ein Spiel für Väter, Söhne und noch mehr Männer:

→ Alle sitzen im Kreis. Einer beginnt damit, das Alphabet still abzuzählen. Der links von ihm Sitzende ruft nach einer Weile »Ach, ist das bunt hier!« Der Abzähler nennt nun den Buchstaben, an dem er gerade angekommen ist, und dann geht es los: Welche Eigenschaften von Männern, die mit diesem Buchstaben beginnen, fallen allen ein? Zum Beispiel »E«: ehrlich, ehrgeizig, einfühlsam. Oder »S«: schlau, smart, stolz. Wenn keinem mehr etwas einfällt, beginnt ein anderer von vorne.

Bewegte Jungs

Bei diesem Spiel sollten es ruhig neun bis zehn Personen und mehr sein, damit immer mehrere Personen die Plätze wechseln können:

→ Alle Männer und Jungen sitzen im Kreis, einer steht in der Mitte. Es gibt einen Stuhl weniger als Mitspieler im Raum sind. Der Spieler in der Mitte setzt zwei oder mehr Mitspieler in Bewegung, in dem er zum Beispiel ruft: »Alle mit Turnschuhen wechseln die Plätze!« Sobald einige ihren Stuhl verlassen haben, sucht er sich

schnell einen frei gewordenen Platz. Wer keinen Stuhl mehr erwischt, muss in die Mitte und sich etwas Neues ausdenken.
Mit der Zeit kann man von den sichtbaren zu den unsichtbaren Merkmalen übergehen, zum Beispiel: »Alle, die den Führerschein haben ..., die zur Schule gehen ..., die gerne basteln ..., die im Haushalt helfen ...«.

Das andere Ufer

Das Spiel wird in zwei größeren Gruppen mit Vätern und Söhnen gespielt:

→ Zwei Vätergruppen stehen auf der einen Seite, zwei Söhnegruppen auf der anderen Seite, acht bis zehn Meter von den Vätern entfernt. Die einzige Verbindung zwischen den Gruppen, die sich gegenüber stehen, sind zwei auf den Boden quer durch den Raum geklebte Kreppstreifen. Das Spiel beginnt, indem die Söhne »Rettet uns!« rufen. Jeweils ein Vater muss nun auf dem Kreppband zur anderen Seite hinüberbalancieren, sich einen Jungen schnappen und denselben Weg zurück nehmen – aber Achtung: Kein Junge darf dabei den Boden berühren. Und die Väter dürfen auf dem Hin- oder Rückweg nicht neben das Kreppband treten, sonst müssen sie sich zu den Söhnen stellen und selbst von einem Vater gerettet werden. Die Gruppe, die zuerst die Söhne auf die Väterseite »gerettet« hat, hat gewonnen.

Bücher & Adressen, die weiterhelfen

Bücher

Bannenberg, T., Yoga für Kinder; GRÄFE UND UNZER

Bentheim, A. / May, M. / Sturzenhecker, B. / Winter, R., *Gender Mainstreaming und Jungenarbeit*; Juventa

Bergmann, W., *Kleine Jungs, große Not. Wie wir ihnen Halt geben*; Beltz

Bergmann, W., *Die Welt der neuen Kinder – Erziehen im Informationszeitalter*; Walter

Biddulph, S., *Jungen! Wie sie glücklich heranwachsen*; Heyne

Cierpka, M., *Faustlos – Wie Kinder Konflikte gewaltfrei lösen lernen*; Herder

Decurtins, L., *Zwischen Teddybär und Supermann. Was Eltern über Jungen wissen müssen*; Orell Füssli

Ettrich, C./ Murphy-Witt, M., *AD(H)S: was wirklich hilft;* GRÄFE UND UNZER

Glaser, U., *Die Eltern-Trickkiste;* GRÄFE UND UNZER

Herold, S., *300 Fragen zur Erziehung* und *300 Fragen zur Pubertät;* beide Titel: GRÄFE UND UNZER

Hille, A. / Schäfer, D., *Wer ist wie? So sind Mädchen – so sind Jungen*; Velber

Kast-Zahn, A., *Jedes Kind kann Regeln lernen;* GRÄFE UND UNZER

Koneberg, L./Förder, G., *Kinesiologie für Kinder;* GRÄFE UND UNZER

Kunze, P./Salamander, C., *Die schönsten Rituale für Kinder;* GRÄFE UND UNZER

Meyn-Schwarze, C., *Die Papa-Liste – 300 Büchertipps und andere Medien für aktive Väter und Großväter*; Selbstverlag (Bezug beim Autor: meynschwarze@t-online.de)

Nitsch, C./Hüther, Prof. Dr. G., *Kinder gezielt fördern* und *Wie aus Kindern glückliche Erwachsene werden;* beide Titel: GRÄFE UND UNZER

Preuschoff, G., *Arme Jungs. Was Eltern, die Söhne haben, wissen sollten*; PapyRossa

Richter, R. / Schäfer, E., *Das Papa-Handbuch. Alles, was Sie wissen müssen zu Schwangerschaft, Geburt und dem ersten Jahr zu dritt*; GRÄFE UND UNZER

Rogge, J.-U. / Mähler, B., *Lauter starke Jungen. Ein Buch für Eltern*; Rowohlt

Schnack, D./Neutzling, R., *Die Prinzenrolle: über die männliche Sexualität. Vom Jungen zum Mann;* Rowohlt

Schnack, D. / Neutzling, R., *Kleine Helden in Not. Jungen auf der Suche nach Männlichkeit*; Rowohlt

Stamer-Brandt, P. / Murphy-Witt, M., *Das Erziehungs-ABC*; GRÄFE UND UNZER

Walter, M., *Jungen sind anders, Mädchen auch*; Kösel

Adressen und Links

Deutschland

ADHS Deutschland e.V., Postfach 410724, 12117 Berlin, www.adhs-deutschland.de: *Bundesverband zahlreicher Eltern- und Betroffeneninitiativen mit Telefonberatungsservice*

Bundeskonferenz für Erziehungsberatung e.V., Herrnstr. 53, 90763 Fürth, www.bke.de: *Adressen der Erziehungsberatungsstellen bundesweit*

Deutsche Liga für das Kind, Charlottenstr. 65, 10117 Berlin, www.liga-kind.de: *Bundesweites Netzwerk zahlreicher Organisationen mit dem Ziel, die seelische Gesundheit von Kindern (0–6 Jahre) zu fördern.*

Deutscher Kinderschutzbund e.V., Bundesverband, Schöneberger Str. 15, 10963 Berlin, www.dksb.de

Bündnis für Kinder – gegen Gewalt, Winzererstr. 9, 80797 München, www.buendnis-fuer-kinder.de: *unterstützt u. a. das Gewaltpräventionsprojekt »Faustlos«*

respect-Selbstbehauptungskurse für Jungen. Kontakt: Bremer JungenBüro, Schlüsselkorb 17/18, 28195 Bremen, www.bremer-jungenbuero.de

Zirkus KONFETTI – Mobiles Mitmachprojekt für Väter und Kinder. www.zirkus-konfetti.de

Selbstbehauptungskurse und Abenteuercamps für Jungen. Kontakt: Josef Riederle, KRAFTPROTZ – Bildungsinstitut für Jungen und Männer, Am Hagen 32, 24247 Mielkendorf, www.kraftprotz.net: *Das Angebot wird auf Anfrage überall durchgeführt*

mannigfaltig, Institut und Verein für Jungen- und Männerarbeit, Fröbelstraße 20, 30451 Hannover, www.mannigfaltig.de:

Selbstbehauptungskurse für Jungen, Vater-Kind-Wochenenden, Elternvorträge

www.jungejunge-ol.de: *Beratung (auch telefonisch) für Mütter von Jungen, Raum Oldenburg/Bremen. Kontakt: Christine Bunjes*

www.elternimnetz.de: *Beratungsseite des Bayerischen Landesjugendamtes zu Fragen rund um Erziehung und Familie, mit vielen regionalen Adressen*

www.familienhandbuch.de: *Hilfe in allen Familien- und Erziehungsfragen*

www.maennerzeitung.de: *Switchboard – Zeitschrift für Männer und Jungenarbeit*

www.vaeter.de: *Informationen und Tipps für Väter, hauptsächlich für die Region Hamburg*

www.vaeterbildung.de: *Bildung, Projektmanagement und Coaching zu Väter-, Familien- und Genderfragen*

www.vaeterzentrum-berlin.de: *Information und Beratung für (werdende) Väter*

www.vaeter-nrw.de: *Väterportal für Nordrhein-Westfalen mit Infos, Veranstaltungstipps und »Rat & Tat«-Datenbank*

www.aat-ct.de: *Übersicht für Anti-Aggressivitäts-Trainings (AAT), Coolness-Trainings (CT), Antagonisten-Trainings (A-T)*

www.bke-elternberatung.de: *Elternberatung der Bundeskonferenz für Erziehungsberatung e.V.*

www.kinderliedertour.de/nasebauchpo: *Mobiles Projekt zur Körpererfahrung und Sexualerziehung der Bundeszentrale für gesundheitliche Aufklärung*

www.missbraucht.de: *Infos zum Thema Prävention von sexuellem Missbrauch*

www.mehrzeitfuerkinder.de: *Homepage des »Mehr Zeit für Kinder e.V.«*

www.wechselspiel-online.de: *Fachliche Information zu Jungen im Kindertagesstätten- und Grundschulalter*

Österreich

Österreichische Kinderfreunde, Rauhensteingasse 5, 1010 Wien, www.kinderfreunde.at: *Größte Familienorganisation mit ca. 600 Ortsgruppen/Servicestellen, bietet Infos zu Erziehung, Familienalltag und eine »Papa aktiv«-Kampagne*

Männerberatung Wien, Erlachgasse 95, 1100 Wien, www.maenner.at: *bietet u.a. Information und Beratung für Männer/Väter, Kursangebote und Hilfen für Jungen(gruppen) ab 8 Jahre*

www.maennerberatung.at: *Informationen und Beratung der Männerberatung Graz (auch online) für Väter/Männer und Jungen*

http://sozialinfo.wien.gv.at: *Hilfe von A–Z nach Stichwortregister im Großraum Wien*

Schweiz

Amt für Jugend und Berufsberatung, Dörflistrasse 120, 8090 Zürich, *mit Homepage* »www.lotse.zh.ch« *Infos, Veranstaltungskalender*

Familien- und Erziehungsberatung Basel, Greifengasse 23, 4005 Basel, www.familienberatungbasel.ch

pro juventute, Thurgauerstr. 39, 8050 Zürich, www.pro-juventute.ch: *schweizweite Stiftung für Kinder und Eltern in 190 Bezirken mit vielfältigen sozialen Dienstleistungen. Die Suchfunktion zu ent-sprechenden Stichworten liefert viele Fundstellen*

Respect! Selbstbehauptung für Jungs, Trümmelweg 17, 8630 Rüti, www.respect-selbstbehauptung.ch *Selbstbehauptungskurse für Jungen*

www.vaeternetz.ch: *Vernetzung und Dialog aktiver Väter, Förderung der partnerschaftlichen Rollenteilung von Erwerbs- und Familienarbeit*

www.nwsb.ch: *Schweizweiter Verein »Netzwerk schulische Bubenarbeit«, bietet Schulprojekte, Impulstagungen, Beratung zur geschlechtsbezogenen Jungenarbeit*

www.avanti-papi.ch: *Forum der »Progressiven Väter«, um sich mit Infos und praktischen Tipps durch den Alltag mit Kindern zu helfen*

Bezugsquellen

Ballkissen über: TOGU Gebrüder Obermaier OHG, Atzinger Str. 1, 83209 Prien-Bachham, www.togu.de

»Batacas« Schaumstoff-Schläger über: W. Purschke, Aberlestr. 23, 81371 München, www.bataca.de

Minitrampolin über: fidolino GmbH, Iltistr. 25, 81827 München, www.fidolino.com

Minitrampolin und Ballkissen auch über: JAKO-O GmbH (Versand), Werner-von-Siemens-Str. 23, 96476 Bad Rodach, www.jako-o.de

Register

A

B

C/D

E

Impressum

Projektleitung
Reinhard Brendli
Lektorat
Angela Hermann-Heene

Fotos
Tomas Rodriguez (vordere Umschlagseite); Monika Murphy-Witt: vordere Innenklappe (o.); Alexander Bentheim: vordere Innenklappe (u.)

Syndication:
www.jalag-syndication.de

Illustrationen
Isabelle Fischer

Layout
independent Medien-Design, Horst Moser, München
Herstellung
Susanne Mühldorfer
Satz
Uhl + Massopust, Aalen

Lithos
Longo AG, Bozen
Druck & Bindung
Druckhaus Kaufmann, Lahr

ISBN 978-3-7742-8882-9

5. Auflage 2011

Wichtiger Hinweis

Die Methoden und Anregungen in diesem Buch stellen die Meinung beziehungsweise Erfahrung der Verfasser dar. Sie wurden von den Autoren nach bestem Wissen erstellt und mit größtmöglicher Sorgfalt geprüft. Keinesfalls können sie jedoch eine kompetente medizinische oder therapeutische Beratung ersetzen. Weder Autoren noch Verlag können für eventuelle Nachteile oder Schäden, die aus den im Buch gegebenen praktischen Hinweisen resultieren, eine Haftung übernehmen. Um Ihnen das Lesen zu erleichtern, wurde bei Berufsbezeichungen in der Regel die männlich-neutrale Bezeichnung verwendet. Selbstverständlich sind in diesen Fällen immer auch die weiblichen Vertreterinnen dieses Berufsstandes gemeint.

GRÄFE UND UNZER

Ein Unternehmen der
GANSKE VERLAGSGRUPPE

DAS ORIGINAL MIT GARANTIE GU

Unsere Garantie

Alle Informationen in diesem Ratgeber sind sorgfältig und gewissenhaft geprüft. Sollte dennoch einmal ein Fehler enthalten sein, schicken Sie uns das Buch mit dem entsprechenden Hinweis an unseren Leserservice zurück. Wir tauschen Ihnen den GU-Ratgeber gegen einen anderen zum gleichen oder ähnlichen Thema um.

Liebe Leserin und lieber Leser,

wir freuen uns, dass Sie sich für ein GU-Buch entschieden haben. Mit Ihrem Kauf setzen Sie auf die Qualität, Kompetenz und Aktualität unserer Ratgeber. Dafür sagen wir Danke! Wir wollen als führender Ratgeberverlag noch besser werden. Daher ist uns Ihre Meinung wichtig. Bitte senden Sie uns Ihre Anregungen, Ihre Kritik oder Ihr Lob zu unseren Büchern. Haben Sie Fragen oder benötigen Sie weiteren Rat zum Thema? Wir freuen uns auf Ihre Nachricht!

Wir sind für Sie da!
Montag – Donnerstag: 8.00 – 18.00 Uhr;
Freitag: 8.00 – 16.00 Uhr
Tel.: 0180-5 00 50 54*
Fax: 0180-5 01 20 54*
E-Mail: leserservice@graefe-und-unzer.de
*(0,14 €/Min. aus dem dt. Festnetz/ Mobilfunkpreise maximal 0,42 €/Min.)

P.S.: Wollen Sie noch mehr Aktuelles von GU wissen, dann abonnieren Sie doch unseren kostenlosen GU-Online-Newsletter und/oder unsere kostenlosen Kundenmagazine.

GRÄFE UND UNZER VERLAG
Leserservice
Postfach 86 03 13
81630 München